SSCG018PO

CONCILIACIÓN DE LA VIDA LABORAL Y FAMILIAR

SSCG018PO

CONCILIACIÓN DE LA VIDA LABORAL Y FAMILIAR

Jon Bruguera

La ley prohíbe
fotocopiar este libro

SSCG018PO - CONCILIACIÓN DE LA VIDA LABORAL Y FAMILIAR
© Jon Bruguera
© De la edición: Ra-Ma 2024

Editado por:
RA-MA Editorial
Calle Jarama, 3A, Polígono Industrial Igarsa
28860 PARACUELLOS DE JARAMA, Madrid
Teléfono: 91 658 42 80
Fax: 91 662 81 39
Correo electrónico: *info@grupoeditorialrama.com*
Internet: *www.ra-ma.es* y *www.ra-ma.com*
ISBN: 978-84-1018-187-8
Depósito legal: M-9155-2024
Maquetación: Antonio García Tomé
Diseño de portada: Antonio García Tomé
Filmación e impresión: Safekat
Impreso en España en marzo de 2024

A Teresa

ÍNDICE

PRÓLOGO

A veces la vida te trae encuentros casuales que amplían tu mirada y te hacen mejor. Eso me pasó a mí con el autor de este libro, Jon Burguera, en una terraza de una amiga común hace ya algunos años. Conversaciones sobre crianza de los hijos, comics, podcast de radio y actitud ante la vida nos acercaron y establecieron una relación de confianza que culmina ahora con el regalo que me ha hecho, pidiéndome que escriba el prólogo de su libro "Manual de conciliación laboral".

Jon me fue descubriendo aspectos de su vida; su interés por las personas, su afán por seguir creciendo de manera integral, su especial liderazgo ejemplar y su pasión por tener una vida equilibrada. Comparte conmigo el concepto de que tenemos una única vida y no podemos estar estableciendo límites, sino que tenemos que lograr una vida plena, que integre aspectos personales y profesionales y que nos haga felices.

Estas conversaciones me llevaron a catalogarle como una de mis "ovejas negras" (símbolo que utilizo desde hace varios años en mi vida profesional dedicada a la diversidad, que refleja a aquellos líderes que quieren hacer las cosas de manera diferente y cambiar las reglas establecidas).

Para mi este gran libro es una reflexión sobre cómo vivimos exprimiendo el tiempo, pero lo único que hacemos es llenarlo de cosas. Si algo nos falta como sociedad es la sostenibilidad vital y tener claras nuestras prioridades. Ya no basta decir; mi valor más importante es la familia si luego en tu vida y tu comportamiento no hay equilibrio en cuanto al tiempo que le dedicas.

Como se detalla en el informe de *Closing Gap* de febrero de 2019, impulsado por Repsol, conseguir un equilibrio satisfactorio entre vida laboral y personal tiene efectos económicos y en el bienestar de las personas, mientras que la incapacidad de alcanzar dicho equilibrio reduce la capacidad de generación de ingresos y produce costes – directos, indirectos e intangibles -, repercute en la salud demográfica y económica del país, en la calidad del capital humano, en la productividad, y en el potencial de crecimiento tanto de las personas como del conjunto de la economía. Si este tema no es clave y debería estar en el centro de cualquier debate político, empresarial y social, no sé a qué estamos esperando como sociedad.

Las organizaciones deben centrarse en lo que tienen máxima responsabilidad (lo extrínseco) y generar culturas de bienestar para sus profesionales. A la vez, estos profesionales deberían centrarse en lo que es intrínseco y depende de ellos, alcanzar una vida plena, sostenible y feliz.

Y por último tenemos el papel de los líderes que, como Jon, con su propio ejemplo demuestran que los límites están para ampliarlos y que sólo integrando otras miradas al modo en el que organizamos el trabajo, los horarios, la cultura y las prioridades podremos dar cada vez una respuesta más completa y eficaz a los retos que tenemos las organizaciones y la sociedad.

Como líderes debemos tener claras nuestras líneas rojas y no saltárnoslas. Sólo así seremos coherentes y ejemplares en nuestro mensaje y seremos capaces de tener un balance adecuado entre vida personal y profesional.

Para terminar, me gustaría apelar a la forma que tenía Stephen Covey de abordar lo que era una vida sostenible y que suscribo totalmente. Comentaba que eran necesarios tres espacios claros:

▼ Ser responsable y dueño de las responsabilidades de nuestro rol laboral, teniendo un propósito claro y recursos para cumplirlo.

▼ Tiempo para el autocuidado, normalmente es la faceta que descartamos y a la que menos tiempo dedicamos, renunciando al tiempo individual de crecimiento y descanso que necesitamos como seres humanos.

▼ Tiempo para el disfrute de nuestros seres queridos: aquí es importante diferenciar que no es tiempo para tareas familiares que se viven como una responsabilidad y trabajo más, sino tiempo de calidad que haga que nuestra familia en toda su extensión se nutra y crezca gracias a todos sus miembros.

Sólo me queda agradecer a Jon que me haya pedido escribir este prólogo. Este manual de conciliación laboral debería convertirse en el libro de cabecera de todas las personas que pensamos que las cosas se pueden hacer de manera diferente y que ha llegado el momento de cambiar las cosas y revolucionar nuestra vida. El trabajo inteligente, entendido como una nueva forma de organizarnos y ser sostenibles vitalmente, llegó para quedarse. Hagamos que sea una realidad.

Marta García-Valenzuela
Autora de "Héroes de la Diversidad"

EL COMIENZO

La brisa sopla ligera, lo suficiente para sentir un agradable frío recorriendo la piel húmeda por el refrescante baño en la piscina. La sensación es increíble en un verano tan caluroso como este. El sol acaba de ocultarse y, después de haber pasado la tarde con los niños en la piscina y haberlos dejado durmiendo, es un buen momento para sentarme en la terraza y disfrutar de un rato de lectura con el bañador mojado junto a una bebida fresca.

Todo esto sucedía un día laborable: con trabajo hasta las seis, tarde con los niños en la piscina hasta las ocho, preparar la cena, leer un cuento y ponerlos a dormir a las nueve y media. Luego un poco de lectura antes de pasar un rato con mi mujer viendo la televisión.

Esto es lo que te propongo en este libro, encontrar *tu* modo de conciliar tu vida laboral con todas las demás vidas que tienes y te corresponden. Ante ti tienes un manual lleno de ideas concretas y propuestas prácticas para aprovechar mejor tu día a día.

Así que bienvenido, espero que el libro te ayude y que, por el camino, te ofrezca algunas nociones en las que pensar y una lectura sugerente para tu tiempo de ocio.

INTRODUCCIÓN

"¿Me podrias indicar, por favor, hacia dónde tengo que ir desde aquí?"

Lewis Carroll

Alicia en el País de las Maravillas

"Sobre las 5:40 de la mañana siguiente me levanté para acometer una sucesión de reuniones. Hice una sesión de spinning Pelotón, cogí una llamada de un analista desde mi oficina en casa, otra de un colega conduciendo hacia el trabajo y luego el resto en la oficina. Ninguna parece importante ahora. Salí de casa sin despedirme o echar un vistazo a los niños."

Este es parte del relato de J.R. Stortment. Un hombre de negocios con pasión para entender las necesidades de los usuarios, precursor de varias start ups, mentor de emprendedores en aceleradoras como Techstars y fundador en 2011 de Cloudability una empresa que consiguió 40 millones de dólares de inversión y fue vendida en 2019 a Apptio. Un éxito profesional con un coste personal, en esos 8 años de vida de su empresa no se había cogido más de una semana de vacaciones. Apenas 2 meses después de vender la empresa uno de sus hijos murió de muerte súbita. J.R. decidió entonces compartir su historia que se ha hecho viral en LinkedIn, en ella se pregunta cómo le podríamos ayudar: "abraza a tus hijos, no trabajes muy tarde. Lamentarás el tiempo que has pasado haciendo ciertas cosas cuando ya no dispongas de él. Supongo que tienes citas para una tener reuniones 1 a 1 con un montón de gente. ¿Tienes alguna planificada con tus hijos? Si hay alguna lección que aprender de esto, es recordar a otros (y a mí mismo) que no hay que perderse lo importante"[1].

La mayoría de la formación y orientación que recibimos nos ayuda a encauzar nuestro medio de subsistencia: nuestra carrera profesional. Desde pequeñitos en la escuela y en las diferentes etapas formativas posteriores, obtenemos enseñanzas que van enriqueciendo nuestro conocimiento y encauzando, según nuestros gustos y decisiones, la profesión que ejerceremos en el futuro. Junto con todos los conocimientos recibimos orientación para elegir el desempeño que mejor se adapta a nuestros gustos, nuestras capacidades y nuestras ambiciones como adultos. Además de la formación académica, nuestras familias, nuestros amigos y los mentores que encontramos en el camino, nos brindan ayuda y consejo acerca de los valores que consideran más importantes: buscar una carrera sólida y estable, luchar por nuestra vocación, la importancia del esfuerzo y de una ética laboral, etc.

Sin embargo, en todo nuestro largo camino de aprendizaje, rara vez encontramos pautas que nos ayuden a desarrollar y organizar nuestra vida una vez que hemos conseguido establecernos profesionalmente. Casi todos nuestros esfuerzos y casi todo lo que hemos aprendido

---

1   J.R. Stortment "It's later than you think" publicado en Linkedin el 3 septiembre de 2019 https://www.linkedin.com/pulse/its-later-than-you-think-j-r-storment/

estaba centrado en conseguir un buen trabajo que nos aporte estabilidad económica y, a ser posible, que nos guste. Pero, cuando lo hemos conseguido, vamos aprendiendo a trompicones a desarrollar el resto de nuestra vida.

Así vamos creando nuestro círculo social, constituyendo nuestra familia y disfrutando como podemos de nuestras aficiones. Pero en el centro de todo está nuestro trabajo, delimitando nuestras alternativas y opciones: vivimos donde encontramos trabajo, adaptamos nuestro ocio a los horarios y las implicaciones laborales e, incluso, planteamos nuestra vida familiar y la educación de nuestros hijos según nuestra ocupación.

En estas circunstancias, es frecuente que aparezcan lugares de desencuentro, decisiones difíciles y profunda insatisfacción. Encontrar, mantener y mejorar nuestro trabajo, ha ocupado durante *tanto* tiempo, un lugar *tan* predominante en nuestra vida, que cuando tratamos de buscar espacios para aquello que deseamos y que nos completa como personas, tenemos serias dificultades para conseguirlo. El desequilibrio que hemos generado es tan grande, que cualquier intento de revertirlo se nos hace tremendamente complicado.

Fruto de estas dificultades, la conciliación de la vida laboral y personal se ha convertido en uno de los grandes temas de nuestros días. Al fin y al cabo, la conciliación no es más que el intento de restablecer un equilibrio: que el trabajo, siendo importante como es, no ocupe más espacio del que le corresponde, para que sea posible nuestro desarrollo como personas.

Por ello, tenemos la necesidad de encontrar un camino que haga posible que nuestro trabajo un medio y no un objetivo, para que nos sintamos más completos y satisfechos con nuestra propia vida.

Este libro surge desde esa necesidad, con la intención de aportar la ayuda que rara vez hemos obtenido para aprender a conciliar trabajo y vida personal. Una ayuda que no encontramos ni en la formación recibida, ni en los valores heredados, ni de ningún otro modo, salvo por afortunados encuentros con personas que han sabido recorrer este camino antes que nosotros.

La principal carencia con que nos encontramos no es tanto teórica -en general tenemos clara la necesidad de conciliar- como práctica, por ello, este libro trata de ser un manual para saber cómo abordar, paso a paso, los cambios necesarios para alcanzar el ansiado horizonte de la conciliación.

LA COSA ES SERIA

El motivo por el que apenas encontramos información para enseñarnos a conciliar nuestra vida y nuestro trabajo desde un punto de vista personal[2], es porque nunca ha sido considerado un asunto urgente y sólo está empezando a cobrar importancia en los últimos años.

Hasta ahora el foco de atención social y estatal ha estado centrado en la disminución del número de personas sin un medio de subsistencia y en la mejora de la productividad de las empresas que las contratan para que, a su vez, puedan generar más puestos de trabajo. Desde luego,

---

2   El tema de la conciliación sí ha recibido una mayor cobertura desde el punto de vista de la empresa. A medida que la conciliación ha ido cobrando protagonismo, las empresas han generado una demanda de materiales y buenas prácticas que se ha traducido en multitud de libros, informes y cursos que ayudan a los responsables de recursos humanos, a facilitar medios para la conciliación de sus empleados. Sin embargo, apenas existen libros dedicados a enseñar a las personas a afrontar el problema individualmente.

este es un enfoque que debemos mantener: tratar de garantizar un empleo para todos continuará siendo un objetivo prioritario de todas las partes involucradas en el diálogo social.

Sin embargo, a medida que en el primer mundo nos vamos asentando en la llamada sociedad del bienestar y de la productividad, un nuevo tipo de problemática se va extendiendo relacionado directamente con la falta de conciliación laboral.

El mercado global, la competitividad y la sociedad de la información han multiplicado las posibilidades y las opciones que, desgraciadamente, en lugar de favorecer una mejor calidad de vida, han provocado lo contrario. Las causas son numerosas, pero las que han tenido una relación más directa en la conciliación se pueden resumir en tres:

- ▶ La mejora productiva, en lugar de generar estabilidad y bienestar individual, se ha visto viciada por la búsqueda constante de crecimiento. No importan tanto los beneficios obtenidos como la promesa de obtener más el año siguiente, así, las empresas y sus trabajadores hemos entrado en una alocada carrera de nuevos objetivos sin sacar apenas provecho de los ya conseguidos.

- ▶ La deseable igualdad entre géneros, en lugar de aumentar las posibilidades de hombres y mujeres, ha derivado en que ambos tengamos que trabajar necesariamente, ocasionando serios problemas de organización del hogar y dificultando tremendamente el cuidado de los hijos.

- ▶ Las nuevas posibilidades de comunicación y flexibilidad laboral, que podrían llevar a una mayor calidad de vida y a mejorar nuestros horarios, han derivado en una disponibilidad constante y en un aumento desmedido de la jornada laboral.

Aparentemente, los problemas generados no son importantes: tener un buen trabajo con una remuneración, que ha mejorado el poder adquisitivo de una parte importante de la población, parece ser suficiente para estar satisfechos. El sacrificio de tiempo dedicado a nuestros hijos y familia se considera menor en comparación. Pero los datos nos demuestran que esto no es así:

Trabajamos mucho

▼ En 2018 en España se trabaja una media de 1701 horas anuales, en la media de la OCDE, pero muy por encima de países como Alemania (1363), Dinamarca (1392) o Noruega (1416)[3].

▼ En el 82,6% de los hogares españoles, tanto el hombre como la mujer trabaja a tiempo completo. Frente al 57,2% de Alemania, o al 36,4% de Holanda.[4]

▼ El 41% de los trabajadores españoles tiene dificultades para cumplir los compromisos familiares por el tiempo que pasan trabajando.[5]

Las consecuencias no han hecho más que aumentar

▼ La tasa de absentismo laboral en España alcanzó en 2018 un nuevo máximo histórico de 5,3%[6]

---

3   Datos estadísticos de la OCDE para 2018

4   "Informe España 2004" Fundación Encuentro. Citado por Xabier Irastorza y Antonio Corral en el artículo "Challenges of achieving a work-life balance in Spain" para el Observatorio Europeo de condiciones de trabajo (EWCO). http://www.eurofound.europa.eu/ewco/2004/08/ES0408NU06.htm

5   European Quality of Life Survey 2016 – Work-life balance and care https://www.eurofound.europa.eu/data/european-quality-of-life-survey

6   VIII Informe Adecco sobre Absentismo Laboral

▶ El estrés relacionado con el trabajo afectaba al 22% de los trabajadores europeos en 2005. Casi la mitad de los trabajadores considera común el estrés en su puesto de trabajo y supone entre el 50 y el 60% de las horas de baja anuales.[7]

Y son más graves de lo que jamás habíamos pensado

▶ Las tres causas de mortalidad más comunes en nuestro país (enfermedades cardiovasculares, suicidios y accidentes de tráfico) tienen la ansiedad y el estrés como factor de riesgo. [8]

▶ Desde los años 60 en Japón se contabilizan "las muertes por exceso de trabajo", bajo el nombre de "Karoshi". Sólo en el año 2015 más de 2000 personas se suicidaron en Japón por motivos laborales.[9] En Europa no contamos con registros similares.

▶ Las personas que trabajan 55 horas o más a la semana, tienen un 30% más de probabilidades de sufrir un infarto que aquellos que trabajan 40 horas.[10]

---

7   Agencia Europea para la seguridad y la salud en el trabajo http://osha.europa. eu/en/topics/stress

8   "El estrés mata" Rafaela Santos, Presidenta de la Fundación Humanae en expansión y empleo del 29 de abril de 2010. http://www.expansionyempleo. com/2010/04/29/opinion/1272530709.html

9   "Overwork-related disorders in Japan: recent trends and development of a national policy to promote preventive measures" Takashi YAMAUCHI, Toru YOSHIKAWA, Masahiro TAKAMOTO, Takeshi SASAKI, Shun MATSUMOTO, Kotaro KAYASHIMA, Tadashi TAKESHIMA,3 and Masaya TAKAHASHI https://www.ncbi. nlm.nih.gov/pmc/articles/PMC5462645/#bib_001

10 "Long working hours and risk of coronary heart disease and stroke: a systematic review and meta-analysis of published and unpublished data for 603 838 individuals". Prof Mika Kivimäki, PhD, Markus Jokela, PhD, Solja T Nyberg, MSc, Archana Singh-Manoux, PhD, Eleonor I Fransson, PhD, Prof Lars Alfredsson, PhD et al. https://www.thelancet.com/journals/lancet/article/PIIS0140-6736(15)60295-1/fulltext#seccestitle160

Es decir, cada vez trabajamos más y el exceso de trabajo nos está costando la salud y en algunos casos incluso la vida. Quizá debiéramos comenzar a tomarnos las cosas en serio y darnos cuenta de que el sacrificio que hacemos trabajando en exceso es mucho más grave de lo que parece.

Además, por si fuera poco, todo ese exceso de trabajo nos está sirviendo de poco

▼ La productividad en España es de 35,6 euros por hora de trabajo, lejos de los 57,8 euros por hora de Holanda, 60,6 de Bélgica o 70,1 de Dinamarca.[11] Nuestra productividad decayó buena parte de la década pasada y sólo ha aumentado un 0,2% en los últimos 20 años.[12]

▼ El coste laboral debido a la baja productividad en España fue de 69.991 millones de euros en 2004.[13]

Trabajamos mucho, en cambio somos cada vez menos productivos. Parece entonces que la mejor opción no es trabajar más, puesto que empeora nuestra calidad de vida, nuestra salud y nuestra productividad en las empresas.

---

11   Datos de Portdata a partir de NSI- Annual National de Eurostats.

12   "Retos de la economía española. La productividad y el tejido empresarial". Banco de España. Asamblea anual del Instituto de la Empresa Familiar https://www.bde.es/f/webbde/GAP/Secciones/SalaPrensa/IntervencionesPublicas/Gobernador/Arc/Fic/hdc070519.pdf

13   Estudio de productividad de la consultora Proudfoot. Citados por Amaya Iríbar en El País el 9 de octubre de 2005.

Pero ¿la conciliación puede ser una solución? Es evidente que, para la vida privada sí, cuanto mejor sea el equilibrio, mejor calidad de vida tendremos y es fácil suponer que también gozaremos de mejor salud.

Ahora bien ¿qué pasa entonces con nuestra productividad laboral y con nuestras empresas?

A priori podemos pensar que, en un horizonte de conciliación, según mejore nuestra calidad de vida, empeorará la salud de nuestras empresas. Parece lógico, pero mi propia experiencia personal me lleva a pensar lo contrario, trabajar menos no tiene por qué reducir nuestra productividad, al contrario, si trabajamos del modo adecuado, podremos producir más. Los datos así lo demuestran y tenemos algunos de ellos a nuestra disposición desde hace mucho, mucho tiempo, casi un siglo:

▶ Cuando en 1926 Henry Ford fue pionero al instaurar la semana laboral de 40 horas, llegó a esta decisión después de 12 años de experimentos, que demostraron que reducir la jornada laboral de 10 a 8 horas, trabajando 5 días en lugar de 6 cada semana, incrementaba el total producido por cada trabajador y reducía los costes de producción.[14]

▶ En 1935 Kellogg's publicó un detallado estudio en el que se mostraba que después de «*cinco años trabajando seis horas al día, los costes unitarios estructurales [o generales] se habían reducido en un 25 %... los costes de mano de obra se habían reducido en un 10%... los accidentes laborales habían disminuido en un 41 %... [y] el número de personas trabajando en Kellogg's se había incrementado en un 30% respecto a 1929*». La empresa estaba muy satisfecha y ansiosa por poder

---

14   CROWTHER Samuel, World's Work, octubre 1926. pp. 613-616

compartir sus logros con la comunidad empresarial: «*En nuestro caso es algo más que pura teoría. Lo hemos demostrado con cinco años de experiencia. Hemos llegado a la conclusión de que, con la reducción en la jornada laboral, la eficacia y la moral de nuestros empleados se ha incrementado, los accidentes y las franquicias por seguros han mejorado y los costes unitarios de producción han disminuido tan considerablemente que podemos incluso pagar por seis horas como si realmente fuesen ocho las trabajadas*»"[15]

▼ *https://hablemosdeempresas.com/empresa/suecia-experimento-reducir-a-seis-horas-la-jornada-laboral/*

Definitivamente importa más cómo trabajamos que cuánto lo hacemos. Por lo tanto, podemos trabajar menos, podemos trabajar mejor y beneficiaremos con ello a las empresas a nosotros mismos y a nuestra salud.

LOS BENEFICIOS DE CONCILIAR

Los datos que hemos visto debieran servir para ponerte alerta y para que te plantees una reflexión crítica sobre tus propias circunstancias. Tu salud y tu propia vida están en juego. En cualquier caso, tratemos de pensar en positivo y trabajar sobre lo que podemos ganar.

Desde un punto de vista personal, la conciliación te depara un futuro tan prometedor que una vez en marcha, será como una avalancha: arrolladora e imparable. Porque conciliar te permitirá

---

15   RIFKIN, Jeremy, El fin del trabajo, Paidos, Barcelona, 2010.

conseguir aquello que menos tienes y que más necesitas, la moneda de cambio para todo lo demás: el tiempo.

Si partes de una situación de exceso de horas de trabajo, las ideas y acciones recogidas en los siguientes capítulos te permitirán conseguir unas doscientas horas adicionales de tiempo libre al año. Pero dependiendo de tu situación, si verdaderamente explotas todas las opciones que tienes a tu alcance, puedes llegar a liberar quinientas horas e incluso más[16]. Yo mismo, entre 2006 y 2010, conseguí ganar más de mil horas de tiempo libre al año, manteniendo mi puesto de trabajo e incluso siendo más productivo de lo que nunca lo había sido.

Pongamos que en tu caso consigues liberar quinientas horas, ¿has pensado todo lo que podrías hacer con todo ese tiempo? Podrías, por ejemplo, ver doscientas cincuenta películas, leer cincuenta libros, escuchar quinientos discos o ir al gimnasio doscientas veces. En un solo año aprender a tocar la guitarra con soltura, mantener una pequeña huerta a pleno rendimiento, aprender lo básico de un idioma nuevo o pasar todos los días laborables dos horas completas con tus hijos.

Repito, todo en un solo año.

Imagina además que esta situación continúa los diez, veinte o treinta años que restan hasta tu jubilación, ¿imaginas todo lo que podrías hacer? Las posibilidades son infinitas.

Con todo ese tiempo, puedes buscar algo más que el ocio convencional. Podrías recuperar esos sueños que tenías aparcados desde tu época de estudiante. Podrías escribir el libro que siempre

---

16 Si trabajas una media de 9 o 10 horas al día, y tienes hijos, no es en absoluto difícil alcanzar esta cifra.

has querido, entregarte a tu vocación olvidada, ayudar a un colectivo desfavorecido o dedicarte a los tuyos como siempre has deseado.

Es real, no es un sueño, está al alcance de tus manos, no tienes que cambiar tu vida de arriba abajo y lo mejor de todo: es fácil de conseguir si sabes cómo.

QUÉ HAGO YO ESCRIBIENDO ESTO

En primer lugar, me gustaría dejar claro desde el principio que no soy un experto en ninguna de las disciplinas que rodean las propuestas de conciliación: no soy un experto en recursos humanos, ni en organización o condiciones laborales y tampoco soy psicólogo. Pero sí tengo el dudoso honor de tener una dilatada experiencia en eso de estar abrumado por el trabajo. Atrapado por mi propio sentido del deber, ansia de perfeccionismo y responsabilidad extrema, me he pasado media vida excesivamente saturado de trabajo. Y la cosa no comenzó cuando conseguí mi primer buen empleo, empezó mucho antes:

▶ A los 11 años cuando estudiaba 6º de E.G.B., mis padres me apuntaron a clases de inglés fuera de mi colegio. Pero además de eso y, por iniciativa propia, me apunté al equipo de fútbol sala del colegio, era miembro del grupo scout de mi barrio y asistía a clases de música en el conservatorio. Aun así, debí pensar que aquello no era suficiente, y decidí apuntarme también a clases de ajedrez. Imagina el estado de saturación que debía de tener en ese momento para que mis propios padres, que siempre me habían animado en todas mis inquietudes, decidieran era suficiente. Me prohibieron las clases de ajedrez con un "no hijo, ajedrez también no, que vas a reventar".

▶ Durante mi tercer año de bachillerato, la exigencia en los estudios que yo mismo me imponía unido, nuevamente, a una gran cantidad de actividades extraescolares tuvo sus consecuencias. Hacia finales de curso comencé a sufrir mareos y vista nublada. En mi familia lo achacábamos a una tensión baja, pero finalmente fuimos al médico. El diagnóstico fue agotamiento general y el remedio un verano de descanso por prescripción médica.

▶ A los 18 años, la primera vez que me quedé dormido y perdí el autobús de las 6 de la mañana a la universidad, sufrí un ataque de culpabilidad tan grande que nuevamente fueron mis padres los que tuvieron que pasar una hora entera conmigo para tratar de convencerme de que no pasaba nada por faltar un día a la facultad. Que no era un mal chico por ello y que, seguramente, mis notas no se verían afectadas.

▶ Entre los 20 y 21 años, durante mi segundo y tercer año de carrera, compaginaba mis estudios con un trabajo que me ocupaba 4 días a la semana, con la realización de un programa de radio semanal y con mi labor como monitor de un grupo de chavales de mi grupo scout. Fue entonces cuando tuve mis primeros problemas de salud debidos al estrés. Durante más de un año padecí una dispepsia nerviosa que apenas me dejaba comer, aunque estaba casi continuamente hambriento. Nuevamente fue el médico el que me dijo que me lo tomara con calma.

▶ Unos años más tarde conseguí el trabajo más importante de mi vida hasta entonces: trabajar como diseñador gráfico para una de las multinacionales más grandes de España. Esta vez tardé un poco más en meterme en líos. No fue hasta el segundo año, cuando comencé a trabajar una media de 10 horas diarias. Esto en condiciones normales, porque recuerdo un otoño completo en el que, además de mis diez horas habituales, al menos dos días a la semana trabajaba entre quince y dieciocho horas al día. Circunstancias del trabajo, decía yo. Las mismas a las que achaqué cierta semana, un par de años después, en la que trabajé veinte horas diarias durante seis días seguidos para un determinado evento. Recuerdo que, cuando entregamos el trabajo mi compañero y yo, decidimos tomarnos unas cañas para celebrarlo. Bueno, sólo fue una, estábamos tan cansados que con una única caña alcanzamos un grado de embriaguez considerable.

▶ Y mi escalada de excesos laborales no hizo más que empeorar, hasta que llegó un momento que, al despertarme cada mañana, en cuanto algún tema de trabajo asaltaba mi mente, se me hacía un nudo en el pecho y, todavía en la cama, no tenía ganas más que de llorar. Estaba tan vacío que cuando poco tiempo después, al fin conseguí uno de mis proyectos soñados, apenas era capaz de concentrarme y desperdiciaba gran parte de mi jornada delante del ordenador, haciendo básicamente nada.

Afortunadamente, unos años después conseguí revertir la situación. Mi vida apenas se parece a aquellos infiernos por los que pasé en aquella época. Ahora, además de trabajar, paso muchas de las tardes con mis hijos, he retomado mi interés investigador escribiendo una tesis universitaria y hasta me permito realizar algunos proyectos más como escribir este libro.

Desde que conseguí cambiar mi situación y mi forma de afrontar la vida, surgió también la necesidad de compartirlo. Una y otra vez en los últimos años he dedicado horas de conversación con colegas, familiares y amigos, comentando mi experiencia, tratando de expresar que las cosas se pueden ver y hacer de otro modo.

Al final decidí escribir este libro. Decidí que sería bonito compartir mis experiencias y mi nueva forma de ver la vida, no sólo con un círculo cercano de personas, sino también con todos aquellos que se sienten frustradas por exceso de celo y dedicación a su trabajo. Con todas aquellas personas que, como tú, son tan conscientes de la necesidad de conciliar, que han decidido invertir una parte de su tiempo en leer este libro.

Muchos de los cambios que yo he llevado a cabo fueron más bien a impulsos, con tantos tropiezos como aciertos, por ello comencé a documentarme, a devorar libros escritos por personas con las ideas más claras y estructuradas que yo. Así que lo que tienes entre manos es un compendio de mis propias experiencias, a las que he sumado las ideas y experiencias de gran cantidad de gente en temas tan diversos como productividad personal, economía familiar, miradas no convencionales a la vida moderna y propuestas de liberación profesional. Espero que te ayuden a recorrer un camino tan hermoso como el yo he encontrado.

Una cosa más. Desde una perspectiva tradicional, muchas de las cosas que te encontrarás en este libro te parecerán utópicas o imposibles de realizar en una vida normal con un trabajo convencional. Pues bien, todas son reales, todas ellas las he llevado a cabo trabajando en una oficina como otra cualquiera, para una gran empresa, con un alto grado de presión de objetivos y de negocio, y con prácticas laborales bastante tradicionales.

PARA QUIÉN ES ESTE LIBRO

Este libro es para todas aquellas personas que trabajan y se sienten afortunadas por ello, pero que desean poder dedicar tiempo a las cosas que consideran verdaderamente valiosas, aquellas que aman, aunque a priori no parezcan tan importantes.

En definitiva, este libro es para todas las personas que trabajan pero que no se conforman con ello. Para aquellos que entienden que la vida ofrece infinidad de estupendas posibilidades por explorar y que, por ello, se niegan a vivir una existencia basada únicamente en trabajar, comer palomitas y ver la tele. Para todas aquellas personas maravillosas que, habiendo seguido el camino convencionalmente trazado consiguiendo un trabajo, una casa y una familia, sienten que han de hacer algo más. Sienten que tienen algo que aportar, a ellos mismos y a los demás. Sienten que han de aportar valor en el mundo además de su productividad. Y sienten que la búsqueda merece la pena en sí misma porque, aunque no alcancen un objetivo concreto, por el camino pueden descubrir muchas cosas extraordinarias.

Quizá puedas pensar que tus objetivos no son tan altos, que lo único que buscas es aprender a conciliar tu vida, para dedicar más tiempo a los tuyos y puede que a ti mismo. Perfecto, de eso se trata, si has llegado a darte cuenta de que lo más importante no es sólo tu trabajo, es porque eres una de esas personas maravillosas de las que hablo. Porque si te has planteado seriamente la conciliación es porque has comenzado a valorar tu vida en su totalidad. Has sido capaz de ver más allá de los pequeños objetivos materiales y, sólo por eso, ya has conseguido trascender los límites más restrictivos de una sociedad centrada en la producción. Esto te convierte en una persona muy especial. Tu siguiente paso debe ser la acción, ser capaz de enfrentarte a los miedos que te impiden mejorar y encontrar el modo de llevar a la práctica aquello que ya tienes en la cabeza.

Este libro te ofrece un camino para llevar a cabo tus ideas. No es el único, hay más formas de hacerlo, pero en estas páginas encontrarás propuestas que funcionan, me han funcionado a mí y a otras personas que conozco y, sin duda, también serán útiles para ti.

También es posible que no tengas muy claro por qué has comprado este libro. Te gusta tu trabajo y la vida que llevas. Únicamente tienes una extraña sensación de duda y de curiosidad cuando ves alternativas de vida diferentes. Se trata, entonces, de explorar esa curiosidad que nace en ti y de preguntarte por qué aparece. Usa este libro como una herramienta para dicho análisis, observa las ideas que te propongo. Creo que, si te resultan estimulantes y sientes ganas de seguir adelante con la lectura, será porque el camino que te ofrezco es también el tuyo.

COSAS QUE APRENDERÁS EN ESTE LIBRO

Los contenidos de este libro tienen un objetivo fundamental: promover el cambio. Para ello consta de tres bloques:

1. En la primera parte recorreremos **las ideas necesarias para cambiar.** Aprenderemos cómo:

   - Priorizar para la conciliación
   - Medir el valor real de tu tiempo
   - Cuantificar el coste del dinero
   - Dejar que tus sueños te inspiren
   - Definir tus objetivos vitales
   - Orientar tu vida en función de los nuevos objetivos

2. En la segunda parte desentrañaremos **los anclajes que nos impiden cambiar** en el trabajo. Veremos cómo:

- Reducir los condicionantes económicos
- Afrontar tu carrera profesional
- Valorar objetivamente el trabajo
- Conciliar con los objetivos de la empresa
- Cambiar la respuesta de tus jefes
- Establecer una ética de trabajo más amplia
- Impulsar el cambio

3. En la tercera parte definiremos las acciones para saber **cómo emprender el cambio**:

- Cumplir los horarios de modo estricto
- Optimizar tu tiempo de trabajo
- Dividir tus proyectos en tareas concretas
- Evitar estar siempre disponible
- Hacer que descanse tu mente
- Teletrabajar
- Obtener más tiempo libre
- Negociar el tiempo que trabajas

Por último, reflexionaremos cuándo y cómo hay que plantearse encontrar un trabajo y el modo en el que la conciliación supone un cambio beneficioso para la sociedad.

CÓMO TE AYUDARÁ ESTE LIBRO

Primero déjame decirte qué es lo que NO encontrarás en este libro: no es un libro teórico o de autoayuda, no se trata de averiguar tus puntos débiles para mejorarlos del modo adecuado. Si te interesa cambiar tu forma de trabajar, ya tienes lo más importante: el impulso de cambiar, es decir, el poderoso ánimo de mirar un poco más allá y enfrentarte a tus miedos para seguir adelante y mejorar.

Tampoco es un libro de tácticas para escaquearte de la oficina y eludir la responsabilidad. El trabajo es un parte muy importante de tu vida y, para poder conciliar, en lugar de evitarlo, debes afrontarlo como merece y mejorar cómo lo realizas. En el libro aprenderás equilibrar la importancia de tu ocupación frente al resto de tu vida, pero sigue siendo importante que trabajes y lo hagas bien. El equilibrio con tu vida personal sólo es posible si te sientes bien con tu profesión y en paz contigo mismo con respecto a tu desempeño.

Así pues, este libro trata de cómo trabajar bien.

Y lo hace desde un prisma eminentemente práctico. Todas la ideas y acciones tienen un enfoque útil para acometer la problemática real del día a día, desde los planteamientos con respecto a tu modo de vida, a los pequeños matices de tu trabajo diario, pasando por una reorientación de las circunstancias del mundo laboral que consideramos impedimentos insalvables.

También encontrarás argumentos de motivación positiva para reforzar tus propias intenciones de conciliación, así conseguirás el activo más importante de todos: la ilusión y el empuje para darte cuenta de que el cambio es posible y de que tú puedes llevarlo a cabo.

1

CAMBIANDO LA PERSPECTIVA

*Pensamientos prácticos para aprender
a conciliar tu vida con tu trabajo.*

"Cambia antes de que tengas que hacerlo"

Jack Welch

El punto de partida

Para conciliar la vida laboral y personal deberás dar un montón de pequeños pasos, el más importante tiene que ver contigo mismo: tu forma de pensar y de ver las cosas con respecto a tu vida y a tu trabajo.

Normalmente, al pensar en acciones para cambiar tu forma de trabajar, se te pasarán por la cabeza un motón de pensamientos del tipo: "Sí, pero mi jefe.", o "Si no hago yo las cosas, a ver quién...", o "Es que si no hago lo que me dicen...", o "Yo salgo tarde porque en mi empresa...", etc. Es normal, es lo que te preocupa y te rodea en tu trabajo. Son inquietudes tienen su relevancia, a las que vamos a dedicar bastante espacio a lo largo de este libro. Pero primero es muy importante que te des cuenta de que la forma con la que tú haces las cosas es el factor común a todo lo que ocurre en tu vida y por ello si quieres que algo cambie (en este caso tu forma de trabajar) el primer paso es modificar tus decisiones y tus acciones.

O, dicho de otro modo, si cambias las decisiones que tomas y, por lo tanto, actúas de forma diferente, puedes reorientar tu vida entera incluyendo tu trabajo. Suena trivial e idealista, pero es importante empezar por el principio, que tengas claro que la responsabilidad de tu vida es tuya y de nadie más. Este es el comienzo, desde aquí empieza todo lo demás.

Insisto, conciliar tu vida laboral y personal (vivir mejor y más feliz) es una decisión tuya, y por lo tanto las acciones han de ser tuyas también. Este es nuestro punto de partida. Es tu vida, tú decides y tú actúas. Tú, tú y tú.

Este sólo es nuestro punto de partida, lo que queda es asentar bien los pies, levantar la mirada, encontrar el camino y comenzar a dar pequeños pasos hacia una vida mejor.

Asentar bien los pies, debe ser tu pensamiento constante a la vez que vas leyendo el libro (recuerda es lo de tú, tú y tú). Lo que toca ahora es levantar la mirada para encontrar el camino, es decir, vamos a0 intentar cambiar tu forma de ver las cosas.

Cambiando la perspectiva

Si tu trabajo fagocita tu vida es debido a tus elecciones y tus acciones. Pero ¿por qué elegimos una acción y no otra? La respuesta tiene que ver en gran medida con nuestra escala de valores. Necesitas cambiar tu mirada para ser capaz de tomar decisiones que construyan vida mejor para ti.

Por ello tienes que asumir que, para conseguir una conciliación de tu vida personal y laboral, es necesario un cambio de mentalidad en algunos aspectos: la importancia que das a tu trabajo, tu ética laboral, el valor de tu tiempo, del dinero que ganas, las prioridades...

Y digo "asumir" porque es algo que en general nos cuesta bastante. Es difícil cambiar de forma de pensar y más, en aspectos tan importantes de la vida. Pero es necesario hacerlo, para poder cambiar la forma en la que trabajamos es necesario modificar la manera en la que tradicionalmente valoramos los temas relacionados con él. Merece la pena, la recompensa es grande: una vida mejor y más feliz.

El cambio que te propongo es ambicioso, pero no tanto como te pudiera parecer. No se trata de cambiar por completo tu escala de valores. Consiste en modificar un poco los pesos de la balanza, para dar a cada cosa la importancia debida. Por poner un ejemplo, puedes mantener tu ética profesional, la ética y el orgullo profesional es importante, pero ¿es más importante que la educación de tus hijos? Seguramente no y, si consigues verlo así, serás capaz de dejar tu trabajo antes para llegar a casa a tiempo de ayudar a tus hijos con los deberes.

A ello vamos a dedicar esta primera parte, a dar ese gran "cambio de perspectiva". Desmenuzarlo en pequeñas ideas y pensamientos prácticos que te ayuden a acercarte paso a paso a la conciliación, a tu conciliación laboral y personal.

Es muy posible que disientas conmigo en todo y que, por lo tanto, sólo cambie tu visión de algunos argumentos que te propongo. No importa, cada pequeña variación en tu forma de ver y valorar, supondrá cambios en tu forma de actuar.

Así que deja tus temores a un lado y trata de mantener tu mente abierta, porque no tienes nada que perder y sí mucho que ganar.

1.1 UNA BUENA VIDA DIGNIFICA

"Todo ha sido descubierto, excepto cómo vivir"

Jean-Paul Sartre

Aprende a valorar el tiempo que dedicas a las cosas que amas, así podrás encontrar equilibrio con el tiempo que dedicas a trabajar.

La conciliación es un equilibrio entre nuestro trabajo y el resto de nuestra vida. Para que el equilibrio se produzca es necesario que nuestra vida personal tenga su propio peso específico, igual o mayor que el que tiene nuestro trabajo. Debes aprender a dar importancia a tu tiempo libre, tanto como al tiempo de trabajo. Debes aprender que las actividades que haces en tu tiempo libre son tan importantes como tu trabajo. En caso contrario serán las sacrificadas la próxima vez que entre en conflicto tu trabajo con tu tiempo libre.

Tradicionalmente otorgamos al trabajo mucho valor, valor económico, pero también de sacrificio, ética profesional e integridad. Lo curioso es que no seamos capaces de actuar de igual manera con nuestra vida personal.

Los motivos para que esto sea así son muy diversos, pero la tradición y la presión social ocupan un lugar predominante. De la tradición heredamos aquello de que "el trabajo dignifica", algo que, sin duda, es verdad, si bien no toda la dignidad ha de venir del trabajo. Cuando, en el pasado, la subsistencia era la única ocupación posible para la mayoría de la gente, era normal y hasta necesario que, la forma en la que uno se ganaba el pan constituyera el foco de integridad y orgullo personal. De hecho, ese orgullo y esa integridad era, en gran medida, lo que hacía posible que muchos hombres y mujeres continuaran trabajando duro de sol a sol, a pesar de las aciagas circunstancias.

Creo sinceramente que son herencias que debemos continuar, de hecho, la crisis que aún estamos dejando atrás, es una muestra de lo que puede ocasionar la falta de escrúpulos y de ética profesional. Pero lo que no hemos sabido hacer es trasladar los mismos valores al resto de nuestra vida, nadie dice: "una buena vida dignifica". Nuestros mayores pocas veces se preocupan de cómo pasamos nuestro tiempo libre, de qué cosas hacemos además de trabajar, de qué aspiraciones globales tenemos en la vida. Como muestra, muchos de ellos, al jubilarse se han quedado sin nada que hacer, con vidas vacías, y se han sentido tristes e inútiles. Aquellos valores y énfasis que ponían en su profesión quedaron fuera en el resto de su vida. Esta es nuestra herencia y hoy es el día en que mucha gente joven, cuando está sin trabajo, no sabe qué hacer.

Por otro lado, la presión social también supone un factor determinante en la valoración del desempeño laboral y ejerce esa presión en todos los sentidos, desde la globalidad a las relaciones más cercanas. Globalmente lo único deseable es tener ambiciones e inquietudes laborales. Nos parece una elección normal que alguien trabaje horas interminables a costa del cuidado y la educación de sus hijos si, a cambio, consigue un ascenso, sin embargo, infravaloramos que alguien pueda renunciar a su carrera profesional porque prefiera quedarse en casa cuidando de ellos. La presión social ha conseguido que en nuestra escala de valores esté el desempeño profesional por encima de nuestro lugar en un núcleo familiar, por no hablar de nuestro ocio y aficiones.

Pero también sentimos la presión social en un plano más cercano. Entendemos con facilidad que nuestra pareja o un amigo cancelen una cena planeada por culpa del trabajo. En cambio, si el plan es cancelado porque se ha alargado una interesante actividad personal, no lo aceptamos con tanta facilidad, e incluso nos enfadamos con frecuencia. Perdonamos la ausencia de alguien cercano por motivos laborales, pero difícilmente lo hacemos por cualquier otro motivo (excepto desgracias personales). En mi opinión, tendría que ser justo al contrario, y debiéramos enfadarnos si un amigo nos cancela un plan por trabajar demasiado y alegrarnos si lo cancela porque está disfrutando de un gran momento de felicidad tocando la guitarra en un parque.

Es necesario evolucionar nuestros valores heredados y sobre todo hacer frente a la presión social. Si estás leyendo este libro es porque seguramente trabajas demasiado y no te sientes feliz ni satisfecho con esa situación. Si quieres que ésta cambie, tienes que aprender a valorar mucho más tu vida personal, la vida que te completa. No se trata de quitar la importancia que tiene tu vida laboral, sino de dar relevancia a todo lo demás, dar importancia al tiempo que pasas con los tuyos, a tus aficiones, a tus sueños y a tus ambiciones personales.

Uno de los motivos para este desequilibrio de prioridades tiene que ver con el valor productivo de nuestras acciones, trabajar sí tiene un retorno productivo evidente: ingresos económicos, prestigio, una carrera que nos lleve a cotas más altas. Por ello, es fácil que a todo lo que no tiene un valor productivo, le restemos importancia y, por lo tanto, lo consideremos una actividad poco relevante en nuestra vida. Dejamos de ir al cine, de leer, de hacer deporte, de disfrutar de la naturaleza, que son actividades que nos gustan y nos hacen felices, ¿por qué? ¿Porque no obtienes nada a cambio? Piénsalo de nuevo, si son cosas que te gustan, te hacen sentir mejor y que te ayudan a ser feliz ¿te parece esto importante? Sí que lo es, y lo sabes. Sin embargo, todo ello siempre está por debajo en tu escala de prioridades.

Si no eres lo feliz que te gustaría y no encuentras suficientes satisfacciones en tu vida, el primer paso es centrarte un poco en ti mismo, tienes que ser un poco egoísta y dar protagonismo a todo aquello que te gusta, te hace disfrutar y te llena como persona. Tienes que darle importancia obstinadamente, sobre todo al principio. Si cedes antes una cita de un cliente a las 7 de la tarde o ante una llamada de tu jefe a las 9 de la noche, es porque no valoras adecuadamente tu tiempo personal. Si trabajas bien y eres productivo en tu trabajo, no tiene por qué haber necesidad de trabajar más allá. El resto del tiempo es tuyo, para lo que desees.

Al principio te costará, cambiar la forma de pensar lleva tiempo y esfuerzo. Ya valoras tu trabajo, así que despreocúpate de él por el momento, céntrate en todo lo demás que quieres tener en tu vida. Aprende a dar importancia a cada pequeña cosa que te hace sentir bien y valora ese sentimiento como se merece porque es el alimento de tu felicidad.

Piensa en las vidas que admiras, las que te maravillan, ¿cuántas de ellas lo hacen por sus horas de trabajo o por sus hitos profesionales? En el mejor de los casos sólo algunas ¿Qué tienen las demás para que te fascinen? Su dedicación a actividades que te parecen maravillosas: nuevas experiencias, viajes, relatos hermosos, hijos maravillosos, canciones emocionantes, ayuda desinteresada, hitos impensables... ¿Cómo lo han conseguido? Haciendo que esas actividades sean muy importantes en sus vidas, mucho más que cualquier otra cosa, tanto como para dedicarles el tesón y los sacrificios necesarios. Y si presumes que para ellos la recompensa ha sido grande ¿por qué no lo ha de ser para ti?

1.2 EL TIEMPO ES ORO

*"La posesión de tiempo
es la verdadera medida de riqueza"*

Anónimo

El tiempo es tu mayor y más limitado activo, actúa en consecuencia y valóralo como merece.

Cuando tratamos de conciliar nuestra vida personal y laboral, "el tiempo es oro" es un dicho particularmente adecuado que sintetiza el primer pensamiento en nuestro camino hacia la conciliación: nuestro tiempo es extremadamente valioso.

El tiempo de nuestra vida, aunque indeterminado, es finito, y esa es una certeza que incomoda, pero de la que tendríamos que saber sacar provecho. El tiempo es lo único de lo que no tenemos una cantidad ilimitada, podemos tener mucho dinero, mucha felicidad, mucho amor, sin embargo, el tiempo es algo de lo que apenas podemos disponer a nuestro antojo, es algo constante que no podemos cambiar, hagamos lo que hagamos. Todo esto ya lo sabemos, pero normalmente se queda en el mundo de las ideas y rara vez actuamos en consecuencia.

Si quieres que en tu vida cada cosa tenga el protagonismo que se merece, es necesario que seas capaz de valorar tu tiempo como algo muy valioso, mucho más valioso que el oro. Es curioso porque la vida moderna nos lo demuestra a cada paso, actualmente todos tenemos prisa porque a todos nos falta tiempo, da igual nuestra condición social o económica, a todos nos falta tiempo.

Pero si estamos haciendo cosas todo el día y tenemos más posibilidades que nunca, ¿por qué nos sigue faltando el tiempo? La respuesta es sencilla, porque no podemos dedicar el tiempo que desearíamos a las cosas que queremos. No podemos estar tanto como nos gustaría con nuestras familias, ni visitando sitios bonitos que ver, ni leyendo todos los libros que nos enamoran, ni practicando la afición que más nos gusta, ni llevando a cabo nuestros sueños. Para tener mejor vida y ser más feliz, esto es algo que hemos de cambiar, debemos que dejar de despilfarrar nuestro tiempo en cosas que en realidad no queremos hacer.

Como humanos que somos, tenemos que dormir, que comer, que trabajar para poder comer y tener una casa, etc. Todo esto son las necesidades básicas que en Occidente tenemos la suerte de haber cubierto más o menos. Hasta hace muy poco tiempo, hasta la generación de nuestros padres, tener todo esto ERA la felicidad, el orgullo, la satisfacción, y la recompensa diaria. Ser capaces de subsistir era una gran meta en sí misma. Pero, afortunadamente, para muchos de nosotros todo es diferente, y la llamada "sociedad del bienestar" nos ha permitido que no sea necesario dedicar todo nuestro tiempo a la subsistencia. Los tiempos han cambiado, pero curiosamente nuestra forma de pensar no.

He tenido la suerte de tener un abuelo vivo hasta hace muy poco tiempo. Para mí ha sido un placer escuchar muchas de las historias de su vida, con las que él trataba de contarnos cómo eran las cosas antes y trataba de transmitirnos los valores que nos ayudarán a salir adelante. Él aún pertenecía a esa generación que ha tenido que trabajar todos los días sin descanso, para tener un hogar y alimentar a su familia. Toda su vida fue una necesaria lucha para ello, dura muy dura, que no dejaba margen a nada más. Sabiendo esto, yo siempre me había preguntado qué sueños tendría mi abuelo, qué cosas le habría gustado hacer en su vida, sino hubiera estado trabajando de sol a sol. Un día, hace unos años, se lo pregunté, él me miró con cierta expresión de sorpresa y no supo qué contestar. Me habló del trabajo duro, de la familia, pero no supo verbalizar sus propios sueños, porque simplemente nunca habían sido una opción en su vida.

Nosotros somos mucho más afortunados y podemos pensar en nuestros sueños, pero carecemos de hábito, nuestros abuelos no han pensado en ello nunca y, aunque nos han ayudado con muchas otras cosas de la vida, no hemos heredado de ellos la costumbre de tratar de aprovechar nuestro tiempo para llevar a cabo las cosas que de verdad queremos hacer. Así que no tenemos muchos referentes y tenemos que aprender por nosotros mismos.

En mi opinión, la primera lección es: si queremos poder dedicar todo el tiempo posible a hacer las cosas que nos gustan, tenemos que valorar y optimizar cada minuto que dedicamos a otras tareas necesarias, pero no nos hacen más felices. Mentalízate, tu tiempo es oro, y has de tratarlo como tal.

1.3 EL ORO ES TIEMPO

"El tiempo es un derroche de dinero"

Oscar Wilde

El dinero no debe ser el objetivo, tan sólo una moneda de cambio más para obtener las cosas que de verdad importan.

Nuestro tiempo es muy valioso, mucho, sin embargo, la primera dificultad que te puedes encontrar para valorarlo adecuadamente es que no sabes cómo hacerlo ¿Cuánto vale tu tiempo? ¿Vale más que el disgusto de una reprimenda de tu jefe? ¿Menos que los objetivos de tu empresa? Es complicado al principio, es difícil priorizar tu tiempo por encima de otras cosas importantes y más cuando lo que hemos hecho toda la vida es justo lo contrario, sobre todo en temas laborales. ¿Qué más me da estar media hora más en el trabajo? Total, es gratis...

En mis primeros trabajos, empecé a darme cuenta, como todo el mundo, de que, cuando uno trabaja, su tiempo libre se reduce mucho. Pero, por otro lado, comencé a tener mi dinero propio cosa que, cuando uno ha sido estudiante, valora mucho y, por supuesto, también gastaba ese dinero. ¿Dinero? ¿Tiempo libre? ¿Qué tenía más valor? ¿Merecía la pena gastarse tal cantidad de dinero en tal cosa?

Fue entonces cuando comencé a utilizar un truco: darle la vuelta al dicho popular y pensar "el oro es tiempo", es decir, tengo dinero porque invierto tiempo trabajando para ganarlo. Parece tonto, pero es un buen truco, tanto que sigo utilizándolo y te aconsejo que tú lo hagas también, te ayudará a elegir en qué gastas tu dinero, y de paso valorar cada minuto dedicado a trabajar[17].

El truco es sencillo, calcula el dinero que ganas en un mes (pongamos 1.500 euros netos) y divídelo entre los minutos que trabajas para ganarlo (22 días al mes x 8 horas al día x 60 minutos cada hora), de este modo sabrás cuánto dinero ganas cada minuto (en este caso 0,142 euros por minuto). Una vez hecha la cuenta, es muy fácil saber cuánto tiempo tienes que trabajar para comprar algo así, por ejemplo, un bocadillo de 4 euros supone media hora de trabajo o un libro de 17 euros unas 2 horas de tu trabajo.

Estos cálculos sencillos te pueden ayudar a decidir sobre algunas compras o decisiones pequeñas, por ejemplo, si te compensa coger un taxi que te costaría 20 euros para ahorrarte media hora de viaje en metro, o si te merece la pena invertir unas dos horas de tu tiempo en comprar la entrada del cine. Es lo que hacía yo al principio, cuando ganaba muy poco trabajando los fines de semana y tenía que pensar todo el tiempo en el dinero que me gastaba.

Pero el truco también te puede valer para cosas más grandes. Un director de una de las más grandes empresas de formación y recursos humanos me decía hace algún tiempo: "si quieres ganar mucho dinero trabajando trabajarás muchas horas, si quieres vivir

---

17 Cuando estaba finalizando la redacción del libro, descubrí por casualidad, uno de los libros más populares hoy en día en la red en temas de organización de la economía personal "Your Money or Your life" de Joe Dominguez and VickiRobins. En dicho libro también recogen el truco que yo te propongo para medir el tiempo que tardas en ganar determinada cantidad de dinero. En su caso el objetivo es ayudar a ponderar adecuadamente cómo haces uso de tu dinero. En este caso se trata de utilizar el mismo enfoque pero para tratar de poner en perspectiva la importancia relativa del dinero ganado, frente al tiempo de trabajo invertido para ello.

bien deberás, en general, renunciar a ganar dinero". Así que el truco nos sirve también para decidir cosas más importantes.

Hace más de 10 años, cuando nació mi hija mayor, surgió el momento de decidir la organización familiar. En ese momento me planteé acogerme a la reducción de jornada para tener las tardes libres para mis hijos y mis proyectos personales. De nuevo la disyuntiva del tiempo y el dinero, entonces puse en práctica este truco. Reducir el 20% mi jornada, suponía renunciar al 20% de mi salario, si descontamos la menor retención de impuestos al ganar menos, me suponía renunciar al 16% de mi sueldo. No es fácil cuando uno va a tener un niño renunciar al dinero, pero me senté a calcularlo, dejaba de ganar 200 euros netos al mes. Así visto, la pregunta es: ¿pagarías 200 euros al mes por tener libres todas las tardes? Para mí no hay duda, 200 euros al mes es poco si con ello gano tiempo para mis hijos y para mis aficiones.

Por esos 200 euros al mes, durante varios años, he podido recoger a mi hija del colegio a diario, he podido jugar con ella por las tardes, he comenzado cursos de doctorado en la universidad, he ido a clases de percusión, he sido colaborador de un libro, he desarrollado una página web y he podido encargarme de las compras y encargos hogareños para que mi mujer pudiera disfrutar su poco tiempo de ocio con nuestros hijos. ¿Sigues teniendo dudas? Imagina todo lo que podrías hacer tú.

Trabajamos por dinero, esa es la realidad, incluso aunque alguien tenga un trabajo que le gusta mucho, sigue trabajando por dinero. Invertimos nuestro tiempo para hacer algo por lo que nos pagan. Por eso este truco funciona tan bien, permite enfocar nuestra mirada en el núcleo del trueque que hacemos diariamente.

Gracias a ello, puedes valorar con perspectiva otras cosas importantes. Imagina que con gran cantidad de trabajo has conseguido un ascenso con el cual ganas mucho más dinero (pongamos que pasas a ganar 2000 € frente a los 1500€ anteriores). ¿Qué has conseguido con ese dinero adicional? Es posible que consigas vivir un poco más desahogadamente, que puedas por fin, hacer frente a la compra de una casa o pagar clases de inglés para tus hijos, aspectos que de verdad han mejorado tu vida y la de los tuyos. Pero también puede ser que con el ascenso la diferencia sólo sea tener ropa más cara, un coche más potente, o que tus vacaciones sean en Bora Bora en lugar de en Canarias. En este segundo supuesto, la importancia del dinero adicional obtenido comienza a ser más dudosa.

Pongamos que has trabajado una media de una hora extra al día para asumir las responsabilidades adicionales que te han llevado a conseguir el ascenso (en la mayoría de los trabajos de oficina modernos, las horas extra no tienen otras recompensas, no se pagan). Eso son unas 242 horas más en un año, es decir, has invertido 30 días completos a lo largo de un año para conseguirlo. Normalmente se asume que el esfuerzo ha merecido la pena, que lo merecía el ascenso conseguido y es posible que sí, depende del trabajo y de las satisfacciones que te reporte. Pero también creo que lo valoramos erróneamente, porque si tu trabajo no llena tu vida, entonces ¿merece la pena dedicar casi un mes al año, para tener un coche más lujoso y una semana de vacaciones en el paraíso? En mi opinión no, 242 horas dan para muchas horas de juego con tus hijos, muchos paseos por el parque, muchas clases de guitarra, muchas charlas agradables… Y, sin embargo, es lo que hacemos constantemente, vanagloriarnos de lo estupendo que es el nuevo coche y el viaje de una semana al Caribe. Todo gracias a nuestro nuevo ascenso… Sólo vemos una cara, no vemos o no queremos ver el sacrificio en horas de nuestra vida.

Estamos tan acostumbrados a los cálculos con dinero, que somos verdaderamente buenos en ellos, nos enfurecemos si nos quieren cobrar 5 euros de más por una comida. Sabemos lo que vale el dinero.

En cambio, invertimos alegremente 200 horas extras, es decir, horas de nuestra vida personal, por conseguir un ascenso que solo nos reporta un poco de dinero y, en el mejor de los casos, algo de orgullo profesional.

Es necesario que aprendas a valorar tu tiempo igual o mejor que tu dinero, así sabrás de verdad lo que inviertes en según qué cosas, así podrás empezar a invertir tu vida en las cosas que de verdad se lo merecen, las que de verdad amas y te importan.

1.4 ME HA TOCADO LA LOTERÍA

"No puedes tener siempre lo que quieres,
pero si lo intentas, podrías descubrir,
que conseguiste lo que necesitabas"

The Rolling Stones

Analizar nuestra vida imaginándola libre de ataduras, nos ayuda a encontrar opciones para liberarnos de ellas

Tu tiempo es extremadamente valioso y si sigues las ideas que te propongo en este libro, dispondrás de mucho más tiempo del que hasta ahora tenías. Pero dentro de este cambio de mentalidad es necesario dar el paso más difícil: liberarte.

Liberarse es dar el salto adelante en el que te has de reconocer como capaz de realizar un cambio en tu vida. Tienes que darte cuenta de que las cosas realmente pueden cambiar hacia la dirección que deseas y de que el verdadero motor para que todo eso ocurra eres tú mismo. Tú tienes el potencial y tienes las opciones a tu alcance, aunque a menudo no sean evidentes. Debes de ser más consciente cada día de que tú eres capaz de sacar provecho del tiempo de que dispones. De que es posible realizar aquello que quieres si labras un camino para conseguirlo. Para ello debes comenzar a soñar, a soñar de verdad.

Según nos vamos adentrando en la madurez seguimos teniendo muchos de los sueños que hemos anhelado a lo largo de nuestra vida. Lo que ocurre es que, de algún modo, comenzamos a pensar que está muy bien tener sueños, pero que la vida "real" es otra cosa, que hay ganarse el pan, tratar de mantener la salud y que es mejor tener inquietudes modestas. De hecho, parece que uno es más maduro si deja de tener "pájaros en la cabeza", si deja de perseguir ideales y se centra en lo *importante*.

Pero ¿hay algo más importante que llegar a hacer lo que deseas? La respuesta es no, lo más importante es ser capaz de realizar lo que deseas en tu vida, aquello con lo que piensas que tu vida cobra sentido. Por sentido me refiero a lo que tiene sentido para ti. Pero esta visión, según avanzamos y la vida se hace más complicada, se va distorsionando y acabamos confundiendo lo importante con lo necesario. Lo necesario es aquello que necesitamos para seguir nuestro desarrollo vital, es necesario alimentarse, es necesario cubrir una serie de necesidades básicas, es necesario sentirse querido, es necesario labrarse algún tipo de porvenir, etc. Todo esto es necesario, pero puede que sea insuficiente. Suficiente para que te encuentres satisfecho, para que tu vida te llene.

En nuestra vida acomodada la mayoría de las cosas necesarias están, con más o menos fortuna, cubiertas, y casi todos los esfuerzos que hacemos y a los que nuestro entorno nos empuja van en la dirección de cubrir estas necesidades. Como decía, alguien es considerado maduro cuando se centra en esto y se olvida de esos pájaros en la cabeza. Sin embargo, y considerando lo necesario cubierto, son esos pájaros los que te dan las alas que necesitas para adentrarte en el mundo de posibilidades que tienes a tu alcance.

Por ello, debes ser capaz de soñar de nuevo, como cuando eras un niño, ilusionarte sintiéndote parte de esos sueños, sintiendo que son algo tuyo que puedes desarrollar. Sí, es posible que, según cumplas años, cambien y se transformen, pero no por ello dejarán de ser sueños dignos de ser soñados, sueños dignos de ser vividos.

¿Qué nos lleva a alejarnos de nuestros propios sueños? La respuesta se suele definir como "la vida", esto es, los sinsabores y las dificultades que van apareciendo en cada paso que damos. Si ya es difícil ganarse la vida ¿cómo voy a permitirme soñar? Entonces vamos asumiendo que no todo es fácil, que las cosas tienen sus dificultades y que, por ellas, muchas veces nos quedamos lejos de lo que esperamos. Y así, cada vez somos más conscientes de las dificultades que tiene llevar a cabo nuestros proyectos y, cuanto más miramos a los problemas de nuestra vida, más se alejan nuestros sueños.

Por otro lado, en la medida en la que vamos consiguiendo hitos, poco a poco comienzan a aparecer los miedos, es decir, el temor a perder algo que ya hemos conseguido. Dichos miedos nos llevan a buscar anclajes, a tejer una red que supuestamente evitará nuestra caída al vacío. Esta red está llena de nudos de sujeción en los que nosotros mismos nos enredamos, así que además de amortiguar una posible caída (que lo más probable es que nunca se produzca), evitan que avancemos hacia adelante. De nudos de sujeción pasan a ser ataduras.

Dificultades, por un lado, y ataduras por otro. Éstos son los impedimentos para continuar sintiéndonos parte de nuestros propios sueños y tenemos centenares de ellos. Este libro se centra en algunos quizás los más importantes: las dificultades y ataduras que surgen de nuestra necesidad de ganarnos la vida, en definitiva, de nuestro trabajo. Pero antes de afrontarlas y aprender cómo salvar unas y liberarse de otras, debes querer hacerlo, tienes que desear volver a ser parte de tus sueños. Bueno, empieza ahora, comienza a soñar.

Empieza por el sueño más común, posiblemente el más prosaico de todos, ¿qué harías si te tocara la lotería? En definitiva, sueña lo que soñamos todos constantemente ¿Qué harías si tuvieras mucho dinero y no tuvieras que trabajar para conseguirlo? Sueña, como habrás hecho cientos de veces, en cómo sería tu vida con un motón de dinero en el banco. Y suéñalo de verdad, es decir, no se trata sólo de pensar en todas las cosas que comprarías o tendrías, sino en lo que harías con tu tiempo una vez libre de impedimentos económicos. Al fin y al cabo, hay cientos de casos de ricos que son infelices, cientos de ricos cuyas posesiones envidias, pero no así sus vidas. El lujo y el placer son muy atractivos, son la torta, pero ¿es suficiente?

La primera vez que soñé de verdad lo que sería mi vida si me tocara la lotería estaba en mi primer año de carrera. Aquel curso estaba estudiando ingeniería industrial, carrera siempre bien valorada y que me aseguraría mi futuro económico. Un tarde charlando con los amigos, pensábamos en lo que haríamos si nos tocaba la lotería, y mi primera respuesta aquel día fue que dejaría la carrera y estudiaría otra cosa.

Aquello me dio que pensar, mucho.

Cuando volvía caminando a casa me preguntaba una y otra vez ¿cómo es posible que esté estudiando una carrera que, en caso de ser rico no estudiaría? Aquella pregunta me produjo una gran desazón durante mucho tiempo, tanta que finalmente tomé la decisión más lógica y cambié de carrera. Abandoné ingeniería, me preparé para el siguiente curso y comencé Bellas Artes, para estudiar cine, una de mis grandes pasiones, algo que sí quería hacer.

Mi vida ha dado muchas vueltas desde entonces, y ni siquiera me dedico profesionalmente al mundo del cine, pero es sinceramente estupendo estudiar una carrera por devoción. De hecho, sigo estudiando en mis ratos libres, sigo asistiendo a la universidad, y tengo una tesis por el mero gusto de estudiar lo que me gusta. Cambiar la carrera que uno está estudiando es complicado, pero jamás me he arrepentido de aquella decisión.

Vuélvelo a pensar ¿Qué harías si te tocara la lotería? Este es un paso fundamental que debes dar, para liberarte de ataduras, primero debes imaginarte todo lo que desearías conseguir. Establece un horizonte que alcanzar, un lugar hacia el que dirigirte aunque esté un poco lejos. Es el sol de poniente de tu vida, lejano pero lleno de luz. Puede ser un ideal inalcanzable, pero también es la luz que ilumina tu camino. O dicho de modo menos poético, es necesario que imagines hasta dónde te gustaría llegar para tener un meta que alcanzar y un camino que recorrer, es decir, unos objetivos que perseguir y un criterio para llegar a ellos.

¿Qué harías con tu vida si te tocara la lotería? Pregúntatelo con espíritu crítico, piensa qué cosas de las que haces cambiarías y cuáles no, qué cosas harías que ahora no estás haciendo. Se trata de que evalúes tu propia vida actual, le des perspectiva, esperanza y buenos deseos. En realidad, es algo que deberíamos hacer de forma periódica para intentar mejorar nuestras vidas todos los días, sin embargo, lo normal es que no lo hagamos y cuando lo hacemos actuamos con una perspectiva distorsionada.

Insisto, utiliza la pregunta para indagar en detalle en las cosas que te hacen sentir satisfecho de tu vida y las que no, para comenzar a construir desde ahí.

Es posible que algunas de estas preguntas te hagan sentir un poco incómodo, es normal, analizarse a uno mismo suele conllevar ver cosas que no nos gustan y eso es muy difícil de reconocer y de afrontar. De hecho, desde hace bastante tiempo, pienso que el principal motivo por el que nos resistimos a cambiar en nuestra vida es porque es duro y doloroso reconocer que nos hemos equivocado y que hemos malgastado años haciendo cosas que no queremos o no nos gustan. Es frecuente que ante algo así, para evitar la incomodidad, miremos hacia otro lado y sigamos haciendo las cosas tal y como las estábamos haciendo. El sufrimiento que conlleva reconocer que hemos estado malgastando nuestra vida es un poderoso acicate para cerrar los ojos y volver a nuestra rutina habitual.

Pero debes ser crítico contigo mismo, darte cuenta de que, mirando para otro lado, apenas consigues nada, es mejor reconocer los errores, aprender a vivir con la desazón del tiempo malgastado y cambiar tu vida, merece la pena siempre, porque tienes todo que ganar, vivir mejor, alcanzar los sueños que te propones, disfrutar de los tuyos y encontrar cosas que te hacen sentir dichoso.

Vamos a dedicar gran parte de los siguientes capítulos a ayudarte a encontrar las cosas que te gustaría hacer. Céntrate de momento en evaluar tu vida actual, imagina un futuro sin ataduras ni dificultades económicas, déjate llevar, haz una proyección de cómo sería.

¿Si no te condicionara el dinero, qué cambiarías y qué no? ¿Cambiarías de trabajo, de empresa o de dedicación? ¿Te gustaría tener hijos, o tener más? ¿Cambiarías de aficiones, dedicarías más tiempo a las que tienes, o probarías algunas nuevas? ¿Cambiarías de amigos? ¿Seguirías estudiando inglés? Comienza a evaluar todos los aspectos de tu vida y anota las conclusiones en un papel. Escribe en una columna todas las cosas que cambiarías y en otra todas las cosas que tienes en tu vida, que sí te gustan y que, por lo tanto, no cambiarías. Ponerlo por escrito te ayudará a dar objetividad al ejercicio evitando sesgadas sensaciones.

Lo normal es que quieras cambiar bastantes aspectos de tu vida, algunos grandes y otros menos, pero también encontrarás bastantes que te gustan tal y como están. Todo lo que desees mantener de tu vida actual, debería ser un motivo de satisfacción y alegría, un aliciente y motivación desde el que afrontar el cambio para todo aquello que sí quieres modificar. Regodéate con todo lo que sí te gusta de tu vida actual, y piensa lo maravilloso que será cuando cambies las cosas que no quieres en tu vida por otras que sí deseas.

Un pensamiento más. Cuando evalúes tu vida, trata de pensar fríamente si el motivo que te impide cambiar es la falta de dinero o la falta de tiempo. O dicho de otro modo ¿si mantuvieras tu nivel de ingresos actuales, pero con todo el día libre, cuantos elementos de tu lista podrías hacer? La respuesta te puede sorprender, te darás cuenta de que si tuvieras más tiempo libre podrías hacer muchas cosas de las que anhelas. Si con lo que sueñas es con un yate, efectivamente es un reto económico (¿has pensado en alquilarlo un mes?), pero si también sueñas con aprender a tocar la guitarra, ser voluntario en una ONG, pasar las tardes con tus hijos, conocer sitios nuevos o escribir un libro, el reto es conseguir tener tiempo libre suficiente, y eso es algo que sí está en tu mano.

Lo que condiciona tu vida es la falta de tiempo y no tanto la falta de dinero. Seguramente necesitarás trabajar, como la mayoría de nosotros, conciliar adecuadamente tu vida laboral y personal es lo que te separa de acercarte mucho a tu vida soñada.

Vamos hacia ello, este libro está dedicado a buscar la forma de conseguir más tiempo para ti. Pero primero es necesario tener la verdadera voluntad de cambiar, de liberarse de las ataduras que nosotros mismos hemos tejido.

Si eres capaz de liberarte, estarás contribuyendo a construir los sueños que buscas, y en la medida que los alcances, podrás decir, aunque carezcas de millones: "Me ha tocado la lotería".

1.5 OBJETIVOS VITALES

"Prefiero apuntar alto y fallar, que apuntar bajo y acertar"

Les Brown

Para conseguir el equilibrio, lo importante no son las cosas que eres, sino las cosas que haces.

La forma en la que afrontamos nuestra propia vida va marcando nuestras decisiones y nuestra evolución. Comenzando desde niños vamos afrontando elecciones una tras otra y así, poco a poco, vamos configurando el camino a recorrer. Inicialmente los pasos nos vienen dados por nuestros padres y la sociedad en la que vivimos. En nuestra infancia se nos presenta la primera elección, que en realidad no hacemos: estudiar. La primera gran tarea, la recibimos casi por encargo, debemos estudiar para ser personas de provecho.

Desde este primer estadio, a lo largo de la adolescencia, en función de cómo se nos den los estudios, vamos orientando nuestra formación académica[18] de acuerdo con unos intereses poco formados aún.

---

18 Especifico lo de formación académica, porque en estos estadios rara vez se nos ofrece o propone una formación más genérica como personas. Incluso en el caso de tener un entorno familiar en el que la formación como personas se considere importante, ésta se va produciendo paulatinamente. Únicamente es en la formación académica donde debemos ir tomando decisiones.

En base a en ellos comenzamos a realizar elecciones. Inicialmente nos vamos orientando de forma general: primero hacia formación profesional o hacia una carrera universitaria, en segundo lugar, hacia temáticas generales, como escoger una rama de ciencias o de letras y, finalmente, antes de la universidad o de la especialización profesional, debemos elegir una profesión concreta, debemos escoger qué queremos ser (en un momento en el que es fácil no tener claras las ideas).

A partir de aquí cursamos los estudios de la profesión escogida, una vez finalizada la formación profesional o la carrera, comenzamos a dar los pasos que la ocupación escogida va marcando: así hacemos prácticas o nos preparamos para el MIR o estudiamos oposiciones, o comenzamos a realizar cortometrajes... En definitiva, damos los pasos habituales que nos permitirán desarrollar, con mayor o menor éxito, la profesión que hemos elegido.

Todo ello sucede de forma paulatina, respondiendo a elecciones obligadas para seguir adelante en cada paso formativo o profesional. Y así queda conformada la dirección que seguirá nuestra vida, con nuestra profesión siempre en el centro. A partir de ahí, nuestra profesión seguirá siempre en el núcleo de nuestras decisiones vitales, aunque vayan apareciendo otros elementos como la familia, los amigos, aficiones concretas etc.

En todo este largo proceso, a todos nos ha asaltado la pregunta que seguramente sea la más importante de todas, y esta es: ¿qué queremos hacer con nuestra vida? Pero mientras la estábamos pensando, la necesidad de tener que ganarnos la vida nos obligaba a tomar decisiones. Es decir, el centro de nuestra existencia ha quedado ocupado por decisiones que debíamos tomar obligatoriamente y, en cambio, la más importante, la que nos ayudaría a dar un sentido global siempre ha quedado al margen, porque nada nos ha obligado a tomarla en un momento dado.

Si quieres conciliar vida laboral y personal, el trabajo tiene que dejar de ser el centro de tus opciones. El trabajo es importante, pero igual o menos que otras muchas cosas y, por lo tanto, tu vida no debe de girar sólo en torno a él. Es necesario que pienses qué es lo que quieres hacer, que establezcas tus objetivos vitales.

Los objetivos vitales deben ser los objetivos últimos de nuestras vidas, los mimbres con los que tejer un hilo conductor para tus decisiones y para todas tus acciones, independientemente de las circunstancias que vayan apareciendo. Deben de ser, entonces, suficientemente sólidos y genéricos para continuar teniendo presencia en todos los frentes de tu día a día, en tu trabajo, en tu familia, o en tu tiempo libre. Pongamos, por ejemplo, que te gustaría ayudar a otras personas enseñándoles las cosas que tú sabes. Si has elegido esta opción como un objetivo con suficiente precocidad probablemente tu profesión sea profesor o formador de algún tipo. Sin embargo, aunque sea así, si de verdad quieres enseñar a los demás, podrías formar a los becarios en tu empresa, cuidar con esmero la educación de tus hijos, ofrecer clases de guitarra en el centro cívico de tu barrio o enseñar a leer a niños del tercer mundo durante tus vacaciones.

O poniendo otro ejemplo, si lo que quieres es conocer muchos lugares, aunque no llegues a ser aventurero o guía turístico, siempre puedes escoger un trabajo que te permita viajar, organizar excursiones en el colegio de tus hijos, alquilar una autocaravana en tus vacaciones o recorrer Europa cuando te jubiles.

Siempre he pensado que todos sabemos qué queremos hacer en nuestra vida, lo que suele ocurrir es que a veces nos cuesta concretarlo y verbalizarlo en algo tangible. Todos sabemos lo que nos gusta y qué cosas nos harían sentirnos satisfechos con nosotros mismos, la dificultad viene porque nadie nos ha enseñado a hacerlo y porque, en realidad, enfocamos esta decisión erróneamente.

Si tienes problemas para identificar tus objetivos vitales es, seguramente, porque estás buscando algo grandilocuente, por ejemplo, "ser director de cine", "erradicar el hambre en el mundo", "ser famoso...", es decir, al pensar en qué nos gustaría hacer en nuestra vida, volvemos a aplicar los criterios de éxito y productividad social, y nos cuesta ver dónde encajamos nosotros.

Para identificar y elegir tus propios objetivos vitales debes pensar en pequeño, piensa en qué te hace sentir bien en un momento dado, qué es aquello que haces una y otra vez aunque nadie te lo haya pedido, en aquella película o aquel libro que te emocionaron particularmente, en aquella noticia que inesperadamente te emocionó sobremanera, en esa tarde en la que te cautivó ver algo aparentemente insulso. Todos estos momentos son los que te darán las pistas de por dónde buscar tus objetivos vitales. Busca y anota esas pequeñas cosas que en un momento dado te hicieron "tilín", la idea no es analizar cada una de ellas, simplemente anótalas y ve descubriendo lo que tienen en común, o cuál de ellas se repiten varias veces. Es más fácil de lo que parece, sólo has de prestar atención a las cosas que te han emocionado o simplemente te han hecho sentir bien.

Si, hasta ahora, has tenido dificultades para encontrar lo que querías hacer en la vida, hacer este ejercicio ahora puede entrañar cierta dificultad. Por ello, si te cuesta identificar lo que te hacen "tilín", no te preocupes, simplemente trata de estar atento a partir de ahora y anotar o ser consciente de que algo ahí fuera ha tocado una fibra sensible. Eso sí, has de ser paciente, el tipo de emoción inesperada del que hablo solo surge de vez en cuando.

Un ingrediente más para el proceso: sal un poco, durante las próximas semanas y meses exponte a nuevas experiencias, pasea por lugares diferentes, trasnocha o madruga de vez en cuando, lee algún libro que normalmente no leerías, cambia de música, prueba la jardinería o pinta una pared. Cuanto más te expongas a nuevas experiencias, más fácil será que aparezcan cosas que llamen tu atención. Esto ayudará a que surjan momentos con emociones especiales más a menudo. Lo fundamental es que te dejes atrapar cuando surjan y anotes lo que creas que ha provocado esta sensación.

Basándote en estos pequeños descubrimientos especiales, puedes ir entresacando tus propios objetivos vitales. Te propongo algunas pautas que te ayudarán en el proceso:

▸ Los objetivos vitales han de ser acciones, evita los estados. La meta debe ser la acción, no un estatus a adquirir. El objetivo es jugar al fútbol, nada de ser futbolista, contar historias, no ser director de cine... Si tu objetivo en la vida es ser algo concreto, tu éxito está supeditado a alcanzarlo o no, y puede que ni siquiera eso, porque es posible que lo que tratas de conseguir sea totalmente imaginario. En cambio, una acción sí supone un hilo conductor al margen de las circunstancias concretas para llevarla a cabo, puede que nunca llegues a ser director de cine, pero sí puedes estar toda tu vida contando historias. Si tu objetivo es algo que quieres hacer, centrarás tus esfuerzos en cómo hacerlo allá donde estés y no en superar estadios para alcanzar una posición.

▸ Las acciones de tus objetivos vitales deben ser pequeñas, que se puedan resumir en una única tarea. Para que puedan funcionar de la forma que te propongo, debes buscar algo concreto que sirva para resumir una idea más global. De este modo será aplicable en todos los ámbitos de tu vida, independiente de unas circunstancias concretas. Poniendo algunos ejemplos, si lo que quieres es ayudar a los necesitados, puedes involucrarte en algún tipo de ONG, pero centrando el objetivo vital en una tarea concreta, lo que quieres hacer es ayudar a los demás, y esto sí se puede aplicar a todos los ámbitos de tu vida. Si la expresión artística es lo que te gusta, tu objetivo vital sería elaborar composiciones bonitas para los demás, entonces es cuando podrías tocar la guitarra para los amigos en una velada, pintar pequeñas acuarelas o colaborar para pintar un mural en tu barrio. Puede que te gustara ser el próximo Ferrán Adrià, en cuyo caso tu objetivo vital podría ser cocinar con amor y, como hacía un compañero mío, llevar los viernes alguna sorpresa culinaria para el almuerzo en la oficina. O poniendo mi ejemplo, yo quería ser director de cine, lo que con un tiempo de reflexión se tradujo en contar historias que emocionen y, un tiempo después, en contar cosas bonitas y que le lleguen dentro a alguien. Desde luego me gustaría poder dirigir algún día, pero, entre tanto, trato de contar con mimo los cuentos a mis hijos, escribir blogs sobre historias o escribir este libro.

▶ En definitiva, se trata de que tus objetivos vitales se puedan traducir en acciones pequeñas, así podrán estar presentes en tu vida todos los días, y desde ahí será posible escribir el relato que deseas para ti.

▶ Tus objetivos vitales han de estimular a tu razón y a tus emociones:

- Emocionalmente han de hacerte sentir satisfecho, feliz, y hacerte sonreír, aunque sea por unos minutos. Acciones que te apetecería contar a tus nietos.

- Racionalmente debieran hacerte sentir orgulloso a ti y a los tuyos y, también ser cosas que tengan relevancia en el tiempo, ¿dentro de un año tendrá importancia eso que has hecho? Puedes elegir muchas acciones, pero deberías dar protagonismo a una o dos, sin descartar las demás, para que te marquen la principal prioridad, para que te den un criterio cuando tengas que elegir.

▼ Seguro que aciertas. Porque en realidad no te puedes equivocar, lo peor que puede ocurrir es que dediques parte de tu tiempo a acciones que luego descartes o que te emocionen poco. Bueno, en ese caso simplemente encontrarás otras acciones nuevas. Es otra de las ventajas de que sean acciones y no estados, no habrás desperdiciado un motón de tiempo para alcanzar algo que no deseas, simplemente habrás contado historias mientras te parecía algo bonito que hacer en tu vida. Si luego cambias de opinión, cambiarás de acciones y te dedicarás aquello que te parece mejor.

Unos objetivos vitales -tus objetivos vitales- son la base para que tu trabajo deje de ser lo que gobierne tu vida. Necesitarás un trabajo para ganarte la vida o puede que tu trabajo sea tu vocación pero, en realidad, sólo será parte de lo que te ayuda a conseguir tus objetivos vitales. Si eliges bien el trabajo ocupará un papel muy importante porque será el cauce para conseguir tus objetivos vitales, pero no dejes que sea un objetivo en sí mismo o en sus ambiciones.

Como decíamos, los objetivos pueden cambiar con el tiempo, no siempre tienen que ser los mismos. Lo normal, si has escogido bien tus propios objetivos, es que estén estrechamente relacionados con tu forma de ser y de ver la vida, ahora bien, con los años pueden ir cambiando. Sin embargo, lo normal es que sean los mismos por mucho tiempo, que vayan madurando contigo, que adquieran riqueza de matices y que vayan tomando una dimensión diferente.

Mi consejo es que una vez que tengas claros unos objetivos vitales, mantenlos siempre presentes en todo lo que hagas, verás cómo esas metas que deseas en la vida se pueden realizar en muchos ámbitos, grandes unos y pequeños los otros. Y así, cada vez que hagas algo relacionado con tus objetivos vitales, te sentirás bien, muy bien, porque sabrás que, ocurra lo que ocurra en tu camino, estarás dando pequeños pasos de acuerdo con lo que quieres hacer en la vida, eso que te hará sentir orgulloso cada vez que mires atrás.

1.6 BUENO, PERO ES QUE... NO SÉ QUÉ HACER

> *"–Umm, Walter. ¿Qué harías si no enseñaras?*
> *-No lo sé.*
> *–Es algo emocionante no saber."*
>
> "The Visitor" (2007) Tom McCarthy

Tener dificultad para saber lo que realmente nos gustaría hacer es más una cuestión de falta de práctica que de verdadera imposibilidad.

Este capítulo debería ser innecesario pero la experiencia me dice que mucha gente continúa quedándose en blanco, bloqueada cuando se le hace reflexionar sobre qué le gustaría hacer si tuviera el tiempo y la libertad para hacerlo. Por ello, en este apartado, se trata de ayudar en la elección con algunas ideas y ejemplos de lo que suele funcionar.

En el capítulo anterior te he propuesto algunas ideas de cómo buscar e identificar objetivos que te harían sentir bien y dichoso. Ese paso consistía en buscar, tanto para descubrir algo nuevo que no conocías, como para que en la búsqueda te dieras cuenta de qué es lo que realmente te gusta y te llena de aquello que ya conoces.

Si pasa el tiempo y continúas con dificultades, seguramente será porque has encontrado aquello que en realidad te gustaría hacer, pero no lo has identificado como tal. Veamos algunas ideas que te pueden ayudar.

¿Has pensado alguna vez con detenimiento en aquello de "tener un hijo, escribir un libro y plantar un árbol"? ¿Por qué esas tres? ¿qué tienen en común? Algo que todos indefectiblemente buscamos, dejar un legado. A todos nos gustaría dejar algún tipo de herencia para el futuro, una huella de nuestro paso por aquí. Este legado, además de cumplir el deseo de perpetuarnos, lleva consigo nuestra pequeña contribución a la humanidad, al bien común. Has pensado, entonces ¿qué te gustaría aportar y dejar detrás de ti?

Últimamente también se está poniendo en boga una variante del dicho, añadiendo al hijo, el libro y el árbol aquello de "montar en globo". Es curioso porque se desmarca de la intención del legado y abre un nuevo tipo de alternativas: el de las nuevas experiencias personales. Vivir algo especial, algo diferente, que nos permita copar nuestros sentidos de una forma diferente. Las posibilidades son infinitas, piensa qué te gustaría vivir, experimentar. Pueden ser un motón de opciones concretas de un solo día, como lo del globo, montar en velero o correr una maratón. O también pueden ser experiencias genéricas y repetibles, como conocer culturas diferentes, bucear, recorrer espacios naturales o participar en tertulias de temas que te gustan.

Tim Ferris en su libro *La semana laboral de cuatro horas* explica que muchas personas que no tiene necesidad de trabajar, después de un periodo expansivo en el que hacen realidad sus deseos más inmediatos, se quedan vacíos sin saber muy bien qué hacer. Ferris ha entrevistado a gente en esta situación y ha dado con un patrón en lo que hacen las personas que han superado ese momento de vacío. Este patrón reduce las opciones para encontrar una vida reconfortante a tres:

▶ Aprender algo
▶ Desarrollar una ocupación físicamente activa
▶ Hacer algo por los demás.

En definitiva, realizar siempre actividades para el desarrollo físico e intelectual y llevar a cabo algo para ayudar a los demás. De nuevo, las opciones son casi infinitas. Si andamos justos de tiempo, se pueden hacer por separado, con desarrollar una de cada tipo en cada momento es suficiente. Por supuesto, pueden variar con los años, y recuerda que puedes estar tranquilo si te equivocas o cambias de opinión, encontrarás suficientes alternativas para encontrar algo nuevo que sustituya a lo que estabas haciendo.

Para ayudarte en la elección, trata de conocerte a ti mismo. Si estudiar idiomas te parece sugerente pero insuficiente, busca entre tus intereses, puedes tratar de aprender historia, cine, moda o jardinería. En el apartado físico piensa si te gusta relajarte para hacer yoga, o eres expansivo y tu camino está en bailar o hacer capoeira. Para ayudar a los demás, encuentra el modo de que te guste repetirlo una vez tras otra, puede ser la alegría que sientes al ver la gratitud en aquellos a los que ayudas o en tu propio goce en la actividad en sí misma.

El mundo está a tu alcance para que lo explores, recuerda que el objetivo es completar tu vida para que te sientas bien contigo mismo. La conciliación en sí misma no es un objetivo, es un medio que te permita conseguir una vida más feliz, más plena, en la que encuentres tu sentido.

1.7 UNA MIRADA AL HORIZONTE

"¿Qué sería la vida si no tuviéramos
el coraje de intentar nada?"
Vincent Van Gogh

"Saber que incluso una única vida
ha respirado más fácilmente, porque tú has vivido.
Eso es haber tenido éxito."
Ralph Waldo Emerson

Cada uno de nosotros tiene la fuerza para cambiar y la posibilidad de ofrecer algo que nadie más es capaz de hacer.

Una vez tengas identificados tus objetivos vitales, habrás dado un paso de gigante para encauzar tu vida hacia donde deseas. Habrás encontrado el telar en el que tejer el sentido de tu vida, el sentido de lo que deseas vivir.

Tus objetivos vitales recogen las cosas bonitas que te gustan y que te gustaría hacer, las cosas y las personas por las que merece la pena luchar, las experiencias que merecen la pena ser vividas.

Puede que tardes en encontrar todo esto, pero cuando lo hagas, nunca más tendrás la sensación de que no sabes qué hacer con tu vida. Siempre encontrarás proyectos interesantes que realizar mientras estás trabajando y, cuando estés retirado o jubilado, tu vida tendrá una serie de caminos que se adentrarán en el futuro y que te brindarán la oportunidad de viajar hacia lugares insospechados.

En ocasiones, los caminos pueden resultar algo enmarañados. Caminar pueda ser doloroso, causar cansancio y provocar frustraciones. Pero debes continuar, porque en los caminos que eliges con tus sueños encontrarás la fuerza y el valor para seguir adelante cuando las cosas se pongan un poco más difíciles.

La conciliación de tu vida laboral y tu vida personal depende de ello. Si quieres equilibrar ambas, has de asegurarte de que tu vida personal tiene un valor incalculable en sí misma, un valor mucho mayor del que tiene tu trabajo. Si el horizonte que se presenta ante ti está conformado por los sueños que tienes para tu futuro, tu trabajo tendrá el valor que le corresponde, pero no conseguirá gobernar tu vida como lo ha hecho hasta ahora. Tu vida y lo que seas capaz de hacer con ella será mucho más importante que cualquier tarea, *whatsapp* o correo electrónico, ninguno de ellos dictará jamás el modo en el que debes vivir.

Este cambio de mentalidad es fundamental, si lo haces, sólo sacrificarás una hora con tus hijos o cumpliendo tus objetivos vitales por algo que de verdad merezca la pena. Tu punto de vista estará mucho más arriba, con la perspectiva suficiente como para tener el criterio adecuado y tomar las decisiones acordes con el modo según el que deseas vivir.[19]

Continúa soñando y encuentra unos objetivos vitales, tus objetivos vitales. Porque tú eres único/a e irrepetible, tus objetivos son personales e intransferibles y la forma en la que decidas acometerlos también será única. Lo que tú hagas sí supone una diferencia, un cambio que hará del mundo un lugar distinto.

Al fin y al cabo, "el mundo necesita todo lo que tú eres capaz de aportar"[20].

---

19 El libro Organízate con eficacia de David Allen, propone un sistema de evaluación de tus decisiones basado en los "seis niveles" que te ayudará mucho a la hora de elegir la perspectiva adecuada para tus decisiones desde los aspectos concretos de tu día a día a las decisiones a medio y largo plazo. Utilízalo si te resulta difícil comenzar a llevar a la práctica este cambio de mentalidad.

20 Cita de Seth Godin en su libro Linchpin, are you indispensable?.

2

CAMBIANDO LAS CIRCUNSTANCIAS

Una forma diferente de mirar los obstáculos que nos ponemos para evitar cambiar

Los capítulos que hemos recorrido hasta ahora pretendían que cambie tu visión con relación a tu trabajo y a tu vida fuera de él. Te habrán sugerido ideas para ver tu vida de una forma diferente, te habrás dado cuenta de que otra vida es posible, una vida cada vez más plena y feliz. El cambio de perspectiva te aportará inspiración y sobre todo motivación para seguir adelante con los cambios que necesitabas cuando decidiste leer este libro.

Espero que hayas recuperado pensamientos e ilusiones que tenías aparcados o incluso olvidados, esos sueños que tenías demorados y que ahora puedes volver a retomar. Disfrutar de tu familia, planificar viajes, comenzar a tocar un instrumento o escribir, recuperar esa afición maravillosa que tenías aparcada, son pensamientos estupendos, de esos que te hacen recuperar la emoción infantil y te hacen sentir libre y liviano, con ganas de seguir viviendo y disfrutando.

Ahora se trata de que esos sentimientos perduren y te lleven volando hacia donde deseas, que no duren sólo unas horas o unos días, sino que vayan mucho más allá.

Lo primero y más importante que debes hacer para que esto sea así es mejorar tu propio estímulo, tu esfuerzo para mantener vivos todos esos pensamientos. Busca momentos todos los días para pensar en ellos, comienza a planificar cómo llevarás a cabo las ideas que te han surgido o has recuperado. Sueña despierto y déjate llevar. Cuando lleguen adversidades en el futuro, afróntalas con esta perspectiva llena de ilusiones, no seas tú mismo el que se sabotea, no las descartes, aférrate a ellas y, cuando lleguen las dificultades, abrázalas aún más fuerte, son tus alas y las necesitas si quieres volar.

A partir de ahora tu vida se va a diferenciar por los pequeños pedacitos de sueños y objetivos vitales que alcances cada día o cada semana. Todos ellos serán pequeños, pero con el paso del tiempo se convertirán en una gran montaña que, cuando la mires con perspectiva, te hará sentirte orgulloso, feliz y más pleno como persona.

Si mantienes vivas estas ideas es difícil que vuelvas atrás, has iniciado un camino que no tiene retorno. Una vez que uno se ha despertado del letargo, es complicado volver a la rutina. Cuando tu cabeza se ha poblado de ideas estupendas que acometer, es difícil dejar de pensar en ellas. Tienen tanta fuerza que no se puede volver a guardarlas. Incluso aunque volvieras a una rutina monótona, tus sueños y objetivos te seguirían asaltando casi cada día. Si te engañas a ti mismo se pueden demorar, pero no pueden desaparecer. Incluso el más viejo de nosotros recuerda sus sueños de juventud.

La rutina y los hábitos adquiridos pueden ser peligrosos así, cuando después de soñar, vuelvas a poner los pies en el suelo, comenzarás a pensar que todo eso es muy bonito, pero que tu vida tiene circunstancias que te impiden hacer lo que deseas. Es posible que veas estas circunstancias como motivos importantes, pero sólo son opciones en la balanza de tus decisiones a las que tú mismo das más peso del que en realidad tienen. ¿Qué puede tener más valor que alcanzar tus sueños?

Vamos a dedicar los próximos capítulos a analizar los principales motivos engañosos para actuar en contra de nuestras verdaderas motivaciones, los valores que creemos que nos impiden volar. Como este libro trata de la conciliación de tu trabajo y tu vida personal, todos ellos están relacionados con actitudes e ideas malinterpretadas en el ámbito laboral. Son esos condicionantes propios y ajenos que dirigen nuestra forma de actuar en el trabajo. Sin embargo, son sólo eso, condicionantes que te atrapan porque *tú* se lo permites. Tengo buenas noticas, se pueden sortear y superar.

2.1 NO CONDICIONES TU PROPIA VIDA

"No es tu salario lo que te hacer rico.
Son tus hábitos de gasto"

Charles A. Jaffe

"Un presupuesto nos dice lo que no podemos pagar,
pero no impide que lo compremos"

William Feather

Muchas veces la capacidad de elección en el entorno laboral viene dada por los condicionantes económicos que adquirimos en nuestra vida.

La mayoría de nosotros tenemos que trabajar para ganarnos la vida. En ocasiones conseguimos que sea una actividad que nos guste pero, indefectiblemente, ha de ser una actividad con la que ganemos dinero, el dinero con el que pagamos nuestro alojamiento, nuestra alimentación, la educación de nuestros hijos y todas aquellas cosas que necesitamos o nos gusta hacer. Esto es así y debemos aceptarlo, es uno de los grandes motivadores para trabajar y sacar adelante el día a día. Sin embargo, la búsqueda de dinero también se convierte en la motivación para hacer cosas que *no* queremos o para acatar circunstancias que *no* deseamos. Esto es importante: si quieres tener capacidad de decisión y de maniobra en tu vida laboral, debes evitar que el dinero se convierta en un yugo demasiado pesado.

La vida moderna nos permite muchos privilegios en comparación con generaciones anteriores, podemos comprar y hacer cosas que, hasta hace poco tiempo, sólo se permitían los más privilegiados. Junto con ello, hemos adquirido cierto grado de insatisfacción permanente en cuanto a lo que tenemos y hacemos, que nos ha convertido en consumidores compulsivos. Siempre estamos pensando en comprarnos una casa más grande, un apartamento para las vacaciones, un coche más potente, más cantidad de ropa, más tecnología y objetos en general.

La clave es que convertimos un deseo en una necesidad muy rápido, necesidad que a partir de entonces tratamos de satisfacer con ahínco. ¿Es una necesidad un coche más potente? No, sólo es un deseo y deberíamos de tratarlo como tal.

Vamos a dejar al margen la solución a nuestra ansia de consumo. En cambio, sí debemos reflexionar sobre los condicionantes económicos que, por dichos motivos, adquirimos. Lo trataré de explicar con un ejemplo sencillo, pero claro: la compra de una casa. La casa suele ser la principal inversión que una familia decide realizar (sí, digo decide, es importante entender que lo hemos decidido, nadie nos ha obligado). Desde luego todos tratamos de comprar la casa de nuestros sueños y, sobre ese ideal, compramos la mejor casa que nos podemos permitir. Pero normalmente sólo tenemos en cuenta nuestros recursos económicos actuales y nos olvidamos de lo demás. De este modo muchas familias asumimos la compra de la casa con la hipoteca máxima que nos podemos permitir, dando más importancia a nuestro deseo por tal casa frente a lo que deparará el futuro. La crisis reciente ha puesto de manifiesto cómo miles de familias de todo el mundo han asumido préstamos que, con el cambio de circunstancias económicas, no han podido pagar, o que han conseguido hacerlo a costa de vivir con el agua al cuello mucho tiempo.

Puedes considerarme agorero y pesimista con respecto al futuro, o demasiado prudente, pero no es eso, se trata de las opciones de vida. El problema de asumir una hipoteca que sólo puedes pagar con tu trabajo actual o uno más lucrativo, es que cierras las puertas a muchas opciones durante muchos años de tu vida (unos 25, con la media actual en España). Durante todos esos años tendrás que aguantar en tu trabajo como sea y sólo optar a uno de igual o mayor salario. Así se reduce tu capacidad de acción de forma determinante por dos motivos fundamentales: primero, porque tu forma de trabajar a partir de entonces estará supeditada a mantener tu puesto de trabajo como sea, de modo que es fácil que hagas cosas que de otro modo no aceptarías, dejas de trabajar como tú quieres para comenzar a trabajar como tus circunstancias económicas dictan y, por ello, tendrás que "tragar" con lo que te toque.

Y, en segundo lugar, una hipoteca que te obliga a mantener cierto nivel adquisitivo, condiciona muchas de tus opciones de vida futura: te impedirá dejar un trabajo que ya no soportas más, te permitirá coger un tiempo sabático para hacer algunas de las cosas que sueñas y limitará la posibilidad de escoger un trabajo que te llena más, pero en el que ganas menos dinero. En mi opinión, perder todas esas opciones es perder muchas posibilidades en tu vida futura.

Cuando mi mujer y yo estuvimos eligiendo casa, teníamos posibilidades económicas para comprar una casa más grande y bonita, o incluso podíamos haber tratado de no vender nuestro pequeño apartamento en el centro. Pero la decisión que tomamos fue otra, tomamos la decisión de comprar una casa que nos gustara, pero que pudiéramos pagar si uno de nosotros era despedido o decidíamos cambiar de ámbito de trabajo y, por ello, ganaba menos dinero. Puede que algo de esto ocurra, o puede que no, pero desde luego tenemos las opciones abiertas y, con ellas, nuestra capacidad de elección para optar por las alternativas que queremos.

Mi consejo es que tú hagas lo mismo, con la casa y con todo lo demás. No condiciones económicamente tu vida hasta el punto de que pierdas capacidad de elección. Si consigues mantener tus opciones abiertas, estarás dando un paso determinante para poder conciliar tu vida laboral y personal en cada momento, además de poder tener la vida que deseas.

2.2 LA CARRERA PROFESIONAL

El precio de cualquier cosa es
la cantidad de vida que cambias por ella.

Henry David Thoreau

Relativizar la importancia de una gran carrera profesional evita sacrificar nuestra vida personal y sobre todo evita que dejemos de ser nosotros mismos.

Cuando comenzamos nuestro periplo profesional, estamos sumergidos en el día a día laboral y no prestamos atención a lo que ocurre alrededor, por lo que valoramos en demasía nuestros éxitos y fracasos en el trabajo. Después, en cuanto tenemos más o menos asegurado nuestro puesto y miramos hacia el futuro, el desarrollo de nuestra carrera profesional se convierte en uno de nuestros hilos conductores. En ello tiene gran influencia, de nuevo, el entorno. Casi todas las organizaciones hacen énfasis en las carreras profesionales de sus empleados, de hecho, se suele considerar loable que las empresas lo hagan así. Nuestros jefes se consideran buenos jefes si se preocupan por la carrera de sus empleados. Todo ello, a menudo, se traduce en una presión más que en una ayuda: hay que tener ambiciones profesionales, si no, es que eres un empleado poco involucrado con la empresa, que no tiene interés por su trabajo. La evolución laboral es importante, pero como todo, en su justa medida.

¿Cuántas veces la carrera se define en función de las opciones personales? Casi nunca. Lo que suele ocurrir es que ésta se articula en función de lo que la empresa quiere, es decir, lo que se define de forma universal desde los despachos de estrategia y de recursos humanos. Es lógico, la empresa busca orientar a sus trabajadores de la forma que resulta más productiva para su estrategia de negocio, pero esto no tiene por qué ser lo mejor para cada persona. Nos creemos los dictados de la organización, e incluso nos sentimos culpables y confusos si no nos sentimos motivados por los objetivos que se establecen para nosotros. Pensamos que tenemos un problema al no ser capaces de ver lo que nuestro entorno dice que es lo mejor para nosotros y tratamos de arreglar lo que hay en nosotros que no encaja en el rol que se nos ha asignado. En ese momento es cuando empezamos a cambiar nuestra forma de ser y de hacer las cosas, para actuar como se *espera* que lo hagamos.

Por ello se repiten patrones en las empresas y se repiten roles. Todos terminamos haciendo las cosas del mismo modo, con el mismo punto de vista, con los mismos hábitos laborales. No se plantean las carreras profesionales desde la persona, sino hacia las personas.

Lo que te propongo es que tomes perspectiva, que te distancies de lo que tu entorno marca para ti y te plantees qué es lo que tú quieres hacer en realidad. ¿Tienes ambiciones profesionales? Bien, pero asegúrate que son tuyas y que van de acuerdo con tus objetivos personales, no de acuerdo con los objetivos de la empresa. Es la única forma de que realices las cosas que en realidad quieres hacer y del modo que tú quieres hacerlas. Es la única forma de que sigas siendo tú mismo.

En mi caso, hubo un tiempo en el que comencé a tratar de ser agresivo en las negociaciones, empecé a hacer lo necesario para alcanzar los objetivos de la empresa, a presionar a los proveedores, a ser mejor vendedor... Todo ello porque parecía lo mejor, parecía que, si no conseguía ser así, no era un buen trabajador. Con cada paso que daba en esa dirección, sin quererlo, me traicionaba a mí mismo. Cada día que era mejor en mi trabajo, conseguía cierto grado de orgullo, pero a la vez contribuía a acumular un pesado poso de insatisfacción.

Un tiempo después, demasiado tiempo después, me di cuenta de que lo que había asumido como valores positivos para mi desempeño y para mi empresa eran, en realidad, intereses que iban y venían con los vientos de la estrategia. Es duro para todos (conozco mucha gente que ha pasado por ello) cuando hemos dado lo mejor de nosotros mismos y, luego, aprendemos que lo que tu empresa dibujaba como el objetivo a seguir, eran en realidad intereses pasajeros orientados a la consecución de objetivos.

Así que el poso de insatisfacción, con el tiempo, llegó a convertirse en ansiedad cada día que me levantaba para ir a trabajar. Hasta el punto de que trabajar me ahogaba, psicológicamente hablando.

Ya he comentado en el capítulo "Cambiar la perspectiva" cómo, por fortuna, cambió mi percepción y mi forma de hacer las cosas hasta que, con el tiempo, al nacer mis hijos, solicité la reducción de jornada. Pero esto también tuvo sus consecuencias, por supuesto. En la mayoría de las empresas modernas, si optas por la reducción de jornada por paternidad, quedas marcado y tu progresión profesional se ve cercenada, sin importar lo bien que hagas tu desempeño. En mi caso, a pesar de conseguir retos profesionales interesantes, jamás pude optar a un ascenso "por tener reducción de jornada". No se evaluaba la calidad de mi trabajo, sólo el número de horas de mi jornada.

En poco tiempo, la cosa pasó de tener que ser el mejor profesional posible a que la eficacia de mi desempeño no importara en absoluto. Con mi decisión había demostrado que mi vida personal me importaba más que la empresa. Lo curioso del asunto es que, con sinceridad, creo que mi desempeño profesional fue mejor en el segundo caso, algo lógico por otra parte, porque con la cabeza más fría, sintiéndome a gusto conmigo mismo y con mi vida, mis aportaciones al negocio fueron netamente superiores, aun trabajando sólo de 9 a 3.

Con sus matices, tú te encontraras en alguna de las situaciones que he descrito. Puede que no veas claro aún el camino a seguir y te resulte difícil renunciar a tus aspiraciones profesionales a cambio de vivir un poco mejor o de pasar más tiempo con la familia. Seguramente te frustrarás y enfadarás cada vez que veas cómo se estanca tu progresión profesional (a mí me pasa constantemente) pero, si consigues conciliarte contigo mismo, la recompensa es tan grande que merece la pena sobradamente. Yo jamás me he arrepentido, ni una sola vez.

El camino, de nuevo, consiste en pararte un momento, analizar[21] tu situación y tus objetivos y desde ahí seguir hacia adelante. Si has llegado hasta aquí en el libro, ya te habrás planteado lo que te tienes que plantear, así que sólo se trata de repasar de nuevo algunas cosas de las que ya hemos hablado en capítulos anteriores, en este caso orientado a medir el peso que debes dar a tu carrera profesional.

1. **Tu trabajo actual ¿está alineado con tus objetivos vitales?**
   Este es un filtro tupido, si tu trabajo no te ayuda con tus objetivos vitales, tu carrera profesional no debiera ser un objetivo, o al menos no uno prioritario.

---

21 En uno de los blogs que sigo www.habitosvitales.com, Eric cita un proverbio africano, que me encanta: "El que hace preguntas nunca pierde su rumbo"; cuando pienses que estás perdido, plantéate de nuevo las cosas, todo lo que puedas lo más hondo posible; siempre es positivo, puede que no al principio, pero a la larga encontrarás el camino de nuevo.

2. **¿Necesitas en tu vida ser director general, o sólo es un reto o una ambición?** Piénsalo con detenimiento, ¿realmente llenará tu vida alcanzar altas cotas profesionales, o lo que se llenará es tu ego por el reconocimiento externo?

3. **En tu trabajo ¿estás haciendo las cosas de acuerdo con tu forma de ser y a tu visión de la vida?** Buscar la proyección profesional implica asumir como propios objetivos ajenos: es tu empresa, son tus jefes, quienes decidirán si mereces ascender y quienes te propondrán la siguiente cota a alcanzar. Si dichos objetivos no coinciden con los tuyos, algo basten probable, empezarás a hacer cosas que no coinciden con las que harías si sólo dependiera de ti mismo.

   Por otra parte, es posible que la forma en la que haces tu trabajo sea importante para ti (ya hemos hablado de ello), pero sólo lo será si haces las cosas a tu modo, de acuerdo con tu manera de ser. En el caso de que lo consigas, siendo muy loable en mi opinión, no suele ser el modo de actuar de alguien con grandes ambiciones laborales.

Planteándote con detenimiento estas tres cuestiones, obtendrás las respuestas que buscas, las que te ayudarán a decidir.

Una última reflexión, si después de plantearte esas preguntas sigues considerando que tus objetivos vitales incluyen tu carrera profesional, vuelve a plantearte el cómo lo estás haciendo, a costa de qué, ¿es tan importante ser director general o gerente antes de cumplir 40? ¿Merecen la pena los sacrificios personales y familiares que estás haciendo para alcanzar esos hitos profesionales?

Es posible que te cueste renunciar a lo que has dado tanta importancia, pero olvídate del trabajo por un momento y piensa detenidamente qué es más importante para ti: ¿tu trabajo, tu familia, tus proyectos personales, vivir bien...? Si te lo planteas con seriedad tu decisión será más fácil. No tengas dudas, la respuesta es la que piensas, porque si no, no estarías leyendo este libro.

La sociedad actual ensalza los egos profesionales, la productividad y los objetivos de empresa. Los grandes empresarios son los "héroes" de nuestro tiempo. Sin embargo, sólo son vidas inspiradoras que particularizan las ambiciones socialmente aceptadas, lo que a todos nos gustaría ser, pero no dan forma a las historias bonitas que queremos contar a nuestros nietos.

Hoy en día consideramos héroes a aquellos que consiguen lo que *todos* deseamos. Sin embargo, los héroes de verdad son otro tipo de personas, son aquellos capaces de hacer lo que *nadie* quiere.

Por ello, las grandes biografías, las historias que emocionan, pocas veces son las de hombres y mujeres que sólo han tenido una brillante carrera profesional.

2.3 EL EXCEL GOBIERNA NUESTRAS VIDAS

> *"Cuando un hombre te dice que se hizo rico con trabajo duro, pregúntale: ¿el de quién?"*
>
> Don Marquis

Debemos evitar caer en la tentación de dejarnos guiar por los números escritos en un Excel.

Vaya por delante que *Microsoft Excel®* es una gran herramienta para calcular, contabilizar y analizar números. Cada día está más integrado como una aplicación de ayuda a las empresas y a los particulares. ¿Quién no ha hecho las cuentas de unas vacaciones en algún tipo de Excel?

Sin embargo, sus propias capacidades funcionales, lo han convertido en la herramienta de control contable de modo muy productivo y eficaz, pero de ahí ha derivado en la herramienta de control de ejecución por antonomasia. Es decir, hemos convertido a una calculadora (muy buena, eso sí) en el baremo de medición de la productividad de cualquier empresa. Lo que se explica basándose en varias prácticas de dudosa valía para las personas:

1. Los principales mecanismos de valoración del desempeño particular en una empresa son únicamente cuantitativos. En diferentes niveles de cada empresa se establecen unos números objetivos que hay que alcanzar, si los alcanzas es que lo has hecho bien, si no los alcanzas, lo has hecho mal. Eso es todo. Poco importa todo lo demás. Si tienes la suerte de tener un buen jefe, sabrá valorar el resto de lo que eres capaz de aportar, pero si cambian a tu jefe o se valora tu trabajo desde la estructura de la empresa, son los números los que valoran tu desempeño, y nada más.

2. La empresa se rige por los números, valores abstractos que rigen un valor de mercado. Cada día importa menos a qué se dedica cada empresa, qué es capaz de hacer y qué no, y tampoco importa cómo lo hace. Sólo importa el rédito económico de sus actuaciones en un entorno determinado. Desde luego para eso están las empresas para ganar dinero, que es el valor tangible dentro de la abstracción de los números. Pero ¿está todo el valor de una empresa en los números que muestran sus hojas de cálculo? Actualmente sí.

3. La elección de dichos números es, en gran medida, arbitrario. Por mi experiencia en definición de objetivos futuros, la

forma de establecer las cotas a alcanzar se decide en una o varias reuniones y, en base el estado actual de la empresa (resultados, estudios de mercado, etc.) se realizan hipótesis de qué números se desean alcanzar y, como hipótesis que son, se establecen en función de los deseos de las personas implicadas en la elección. La base de cálculo puede ser tremendamente sólida, pero al final siempre hay que valorar y aprobar una hipótesis. Hasta aquí, todo lógico y normal, porque hasta que no seamos capaces de ver el futuro no hay otra forma de hacerlo. En mi opinión, el problema viene cuando dichas hipótesis se tallan en piedra y se convierten en mandamientos a partir de los cuales se regulan las vidas de todos nosotros.

4. Si los números cuadran, miel sobre hojuelas, si no es así, la táctica a seguir es una versión sofisticada del sálvese quien pueda. Si los números no cuadran con las hipótesis, el desempeño particular o general importa poco. Se trata entonces de buscar explicaciones que "cuelen", excusas que suenen plausibles y trucos de magia financiera que muestren resultados menos malos o incluso buenos. No me voy a extender en esto, la crisis global reciente es heredera directa de estas prácticas. Pero lo que nos importa aquí es que el desempeño particular apenas cuenta.

De este modo se establecen objetivos y pagas para cada uno de los trabajadores que, normalmente, asumimos a pies juntillas. Es entonces cuando sólo valoramos nuestro propio desempeño si permite alcanzar esos números y cuando dejamos que nuestros instintos de ambición económica o de poder tomen el control de nuestras actuaciones. Justo en ese momento sucede que dichos números se convierten en primordiales en nuestra vida, algo que normalmente nos perjudica como personas.

Actualmente en occidente, parece que la mejor forma de regir una empresa, para que sea plenamente competitiva, es mediante los números, es decir a golpe de Excel. Al menos hasta que descubramos otra y la llevemos a la práctica. Pero ¿es de acuerdo con esos números como ha de conducirse una persona? O dicho otro modo, ¿crees que tu vida está bien gobernada, si todo tu desempeño profesional se centra en conseguir unos dígitos en una celda de la hoja de cálculo? La respuesta es definitivamente no.

Hay estudios que demuestran[22] que cuando los logros empresariales se ciñen a los resultados numéricos y cortoplacistas, los trabajadores son proclives al llamado "absentismo emocional", es decir, "el trabajador está en su puesto, pero no rinde por agotamiento, decepción o angustia"[23]. Lo que nos importa: ¿por qué se llega a esto?, ¿son las empresas las responsables? Sí, tienen su parte de responsabilidad por practicar e imponer dichas políticas de dudosa valía.

Sin embargo, a pesar de la presión de la empresa, también nosotros somos responsables, aceptamos lubricar el engranaje permitiendo que los números de los resultados trasciendan la empresa e impregnen las prioridades de nuestra vida. No permitas que un Excel de tu empresa o de tu jefe sea el que gobierne tu vida. Es importante en su ámbito concreto, pero NO es tan importante para tu vida.

---

22 "Informe: Absentismo laboral: El colesterol de la empresa". Observatorio de la empresa familiarmente responsable. Mayo 2009. www.observatorioefr.org

23 "¿Mata el trabajo o la mente?" Ariadna Trillas. El PAÍS del 10 de octubre de 2009.

Nuevamente trata de tomar cierta perspectiva, ¿vale la pena dedicar cien horas de trabajo adicionales un trimestre, para conseguir un 5% más en una determinada cifra? La respuesta es fácil: NO. Hasta aquí es sencillo estar de acuerdo, incluso para alguien que sí dedica esas cien horas. Pero, pongámoslo un poco más difícil: ¿y dedicar dos horas de trabajo adicional para conseguir el mismo 5%? Supongo que ahora comenzarás a dudar y, probablemente, pienses que sí. Por ahí se empieza, porque la respuesta debe seguir siendo NO. Acaso ese 5% ¿te va a hacer más feliz?, ¿te va a realizar como persona?, ¿va a hacer que estés mejor con tu familia? Esto es importante porque, si empiezas a dudar, lo harás primero una vez, luego otra, luego las dos horas se convertirán en tres, y así sucesivamente. Nunca merecen la pena, por cómo afecta a los de tu alrededor y a ti mismo.

Esto no implica que no trabajes nunca ni una hora de más, sino que tengas claro que NO está bien hacerlo, para que si alguna vez lo haces sea desde esta idea, por lo que entonces habrás encontrado otros motivos de peso para decidir TÚ hacerlo. Así que lo harás por otro tipo de objetivos que no son los números (ayudar a un compañero, solucionar un problema grave...), y entonces estarás alineado contigo mismo. Pero siempre debes de tener claro que NO compensa nada de tu tiempo por rellenar números en un Excel, ni un minuto o terminarás buscando excusas que justifiquen tus acciones "sólo es hoy porque...","es que justo...","total una horita más...","sino el cliente..."

Tu vida no consiste en números y celdas, porcentajes, décimas o pagas de objetivos. Tu vida tiene muchos aspectos maravillosos que sí son importantes, ahora y siempre, no dejes que un número concreto en una fecha determinada se lleven el protagonismo, porque no lo merecen. No dejes que el Excel gobierne tu vida.

2.4 "ESCALAR"

"La vida es corta, no malgastes el tiempo preocupándote por lo que la gente piense. Aférrate a los que importan, al final serán los únicos que están ahí."

Anónimo

"Nunca interrumpas a tu enemigo cuando está cometiendo un error"

Napoleón Bonaparte

Evita que las amenazas y enfados de terceros condicionen tus respuestas o tu forma de actuar.

Es curioso cómo en un entorno supuestamente adulto, cuando un colega o un cliente se enfada o no está de acuerdo con nuestra forma de proceder, muy a menudo nos amenaza con "escalarlo", que es una forma sofisticada de decir "se lo voy a decir a mi papá para que se lo diga al tuyo". Lo que es más curioso es que funcione.

Ya hemos comentado cómo en el entorno laboral aún mantenemos actitudes heredadas que, sin embargo, deberían ser obsoletas. Por ello, muchas de nuestras organizaciones siguen gobernadas por estructuras rígidas y con actitudes tiránicas, en las que aún se utiliza el miedo como forma de mantener la obediencia y el control. De hecho, si una empresa es lo suficientemente grande, siempre hay verdadero pavor a lo que ocurrirá si algo llega o viene de los altos mandos. Como decía un compañero mío, en los consejos de dirección es donde se encuentra "el lado oscuro de la fuerza" y donde gobierna "el señor oscuro", algo así como el Emperador al que teme el mismísimo Darth Vader en *La Guerra de las Galaxias*. Continuando con el ejemplo, cuando un cliente o un compañero enfadado escala algo que no le ha gustado de nuestra actitud o de nuestro trabajo, en cierto modo sí espera que venga el señor oscuro y nos estrangule sin utilizar sus manos. O al menos que nos asuste tanto como para convertirnos en conejillos asustados a los pies de nuestro señor y del chivato.

Desde luego, ninguna organización moderna debiera regirse así, pero, por desgracia, existen. Sin embargo, no existen señores oscuros que torturen usando una fuerza invisible. Lo peor que pueden hacer es despedirnos o, en casos patológicos, tratar de acosarnos laboralmente. Esto es todo, la fuerza no existe y los directivos no estrangulan en caso de desobediencia.

Será mejor que seas tú el primero en poner cordura y madurez ante tales comportamientos. Es normal que compañeros o clientes estén contrariados por tu conducta en determinados momentos de hecho, hasta es saludable, porque lo contrario sería indicativo de que te estás comportando de forma pusilánime. Cuando ocurra céntrate en los motivos de la discrepancia y en las posibles soluciones, pero no actúes de forma diferente a cómo lo harías si no existiera ese enfado.

Los motivos de los enfados se reducen a tres situaciones:

▸ **Expectativas no cumplidas.** La gestión adecuada de las expectativas es uno de los caballos de batalla en el entorno laboral. Pero tanto si se han gestionado bien como si no, se trata de una cuestión de percepciones, lo que debes hacer en este caso es trabajar sobre datos objetivos para llevar la discusión al terreno de lo real, no de lo imaginario o hipotético.

Si las consecuencias del desencuentro son únicamente de percepción, hablar de datos concretos suele ser suficiente para solucionar el problema. Pero si las expectativas no cumplidas han generado problemas objetivos (compromisos no alcanzados o acciones futuras truncadas), la forma correcta de actuar es buscar soluciones y siguientes pasos, no gritar ni escalar nada, que lo único que genera es más ruido aún.

▼ **Discrepancias en la forma de proceder.** En este caso únicamente se trata de opiniones o valoraciones contrapuestas. Si se llega al enojo, es por la incapacidad de una o de las dos partes de alcanzar un acuerdo. El enfado surge entonces como mecanismo para tratar de imponer la propia voluntad por la fuerza, ya sea la fuerza de los gritos, de las amenazas o de la posición jerárquica. La única forma sensata de actuar es buscar el acuerdo en la actuación o una solución de compromiso, cualquier otra alternativa sólo provocará resentimiento o acciones sin motivación. Si a pesar de todo el acuerdo no se produce, la solución pasa por buscar el arbitraje de mutuo acuerdo de un tercero, o interrumpir la relación y encontrar otras personas que se hagan cargo de la situación.

Por tu parte, te tienes que asegurar de que no accedes a nada que no deseas hacer (así evitarás tu resentimiento o desmotivación), y también has de asegurarte de que pones de tu parte todo lo que razonablemente ayude al acuerdo. Sí, esto sí supondrá ceder algo para ganar las dos partes.

▼ **Actuaciones con mala intención.** Es muy sencillo llegar al enfado si pensamos que la otra parte actúa por mala leche. En este caso partimos de la base de que no hay mala fe en tus acciones con un tercero (si estás buscando una solución es que tienes buena fe). Si aún y todo piensas que se han enfadado contigo porque entienden que ha habido mala intención en tu actuación, suele ser suficiente con preguntar: ¿piensas que he hecho esto con mala intención? El mero hecho de realizar la pregunta suele suavizar mucho el ambiente, porque tu interlocutor tomará conciencia de que no es así, con lo que la discusión volverá a alguno de los supuestos anteriores.

La mayoría de las situaciones de gran tensión entrarán dentro de estos supuestos, y las acciones que te he propuesto debieran ser suficientes para resolver el conflicto de forma razonable. Sin embargo, puede ocurrir que no suceda así. En este caso si las amenazas continúan, la mejor postura es consentir: "De acuerdo, si crees que es lo adecuado, escálalo". De este modo, si únicamente se trataba de una amenaza para provecho propio, habrá dejado de tener efecto como tal desbloqueando la situación, ya sea porque la disputa toma otros derroteros (si te han amenazado y no ha funcionado su salida es volver a una solución razonable) o porque la amenaza se cumple y efectivamente lo escalan, lo que lleva a un arbitraje de terceros (los superiores) que comentábamos en el caso de las discrepancias en la forma de actuar.

Si aún y todo, con estos pasos no se ha solucionado la situación de forma razonable, será porque te encuentras en una estructura donde sigue funcionando el despotismo y el arribismo sin conciencia, en cuyo caso este tipo de situaciones se presentarán con frecuencia. Entonces me temo que no tienes más que dos alternativas: asumir dónde te encuentras y aceptar este tipo de comportamientos como naturales, o cambiar de estructura, es decir, dejar tu trabajo actual y buscar otro en otra parte de la organización o en otra empresa.

Muchos de nuestros jefes son señores con mucho poder, acostumbrados a que se les haga caso y no se les contraríe. Esto atemoriza a toda la estructura (cuidado que puede ser una táctica consciente, pero no siempre). Por su parte, los directivos, acostumbrados a tener la razón, son poco propensos a ceder o buscar soluciones consensuadas. Si te encuentras en una organización de este tipo, asumir donde te encuentras sólo puede ser una solución a muy corto plazo, si buscas la conciliación de tu vida profesional y personal, deberás buscar un nuevo lugar donde trabajar, porque en una organización con ese tipo de comportamientos es complicado que puedas actuar de acuerdo con tu forma de ver las cosas y, por lo tanto, no podrás conciliar tus objetivos personales.

2.5 EL BUEN TRABAJADOR

> *"Pongo todo mi genio en mi vida.*
> *En mis trabajos sólo pongo mi talento"*
> Oscar Wilde

Un buen trabajador no es aquel que se hace cargo de todos los problemas, igual que no es un buen padre el que trata de hacer suyos los problemas de sus hijos.

Un buen trabajador, igual que un buen padre, es aquel que, entre otras muchas cosas, asume su responsabilidad. El problema viene cuando dicha responsabilidad se convierte en tratar de resolver todos los problemas, los propios y los ajenos.

Hoy en día se considera que un buen trabajador es capaz de tomar las riendas de la situación y buscar cauces para resolver cualquier problema. Los responsables de departamento consideran a este tipo de personas las más valiosas de su organización, porque son las que hacen que la empresa salga adelante. Una actitud así es positiva, muy positiva, una persona trabajadora haciéndose cargo de su situación y asumiendo responsabilidades.

Si este es tu caso, es algo de lo que te sentirás orgulloso, habrás recibido agradecimientos por ello. Eso está bien, debes de sentirte satisfecho por ser capaz de actuar de ese modo. Si eres así en tu trabajo, también serás así en tu vida, y las cosas te irán bien.

Lo que te propongo, en este caso, es que consideres la manera en la que haces frente a los problemas en tu trabajo, para tratar de evitar actitudes que seguramente pongan difícil tu escala de prioridades y, por lo tanto, la conciliación de tu vida laboral y profesional.

Un buen trabajador se ha de hacer cargo de los problemas, pero no de TODOS los problemas que surgen, veamos los principales motivos:

▶ **Los problemas ocasionados por deficiencias estructurales en la empresa deben aflorar.** Con frecuencia, en toda corporación algunos problemas tienden a repetirse una y otra vez, el motivo es que toda estructura organizativa tiene lagunas, que ocasionan problemas en circunstancias adversas (por ejemplo, déficit de formación específica, mala planificación, falta de personal, débil estructura comercial, etc.). Si tú eres de esos trabajadores que piensan en hacer las cosas y hacerlas bien, cada vez que surge uno de esos problemas, lo habrás resuelto de un modo u otro y seguramente gracias a un sobreesfuerzo (si son lagunas organizativas, no están planificadas entre tus tareas). Es bueno que hayas resuelto el problema una vez, dos y puede que algunas más, pero es contraproducente que lo soluciones siempre. Si lo solucionas siempre estarás, como digo, trabajando de más, lo que ya en sí mismo te debiera dar que pensar. Pero, además, en este caso NO estás siendo tan buen trabajador como pensabas: si siempre consigues solucionar problemas derivados de la estructura, estos problemas no afloran, no se manifiestan y, por lo tanto, no se les dará la solución estructural que necesitan. Es muy probable que tú seas muy consciente del déficit en tu empresa que ocasiona dichos problemas y, después de resolverlos, habrás ido a contarle a tu jefe que hay que solucionar ese déficit y harás una exposición brillante de todo lo que hay que corregir y cómo hacerlo. Sin embargo, aunque loable, esta forma de proceder no es una solución. Para que los problemas estructurales se solucionen deben verse como tales y la única forma de conseguirlo es dejar que sean visibles. Si tú los solucionas siempre, tus responsables no harán frente a un problema, sino a una queja tuya, que es muy distinto. Soluciona los problemas que te corresponden y algunos más, pero no hagas tuyos todos los problemas, porque estás impidiendo que tu empresa se adapte y reaccione a las dificultades en su funcionamiento. Si quieres, trata de minimizar las consecuencias (no buscamos perjudicar a tu empresa), pero deja que los problemas estructurales lleguen a donde han de llegar, porque es allí donde se les puede dar solución.

▶ **Cada uno ha de ser responsable de las decisiones tomadas.** Es labor de tus superiores tomar decisiones de cómo hacer las cosas y también es su labor hacer frente a las dificultades surgidas por dichas decisiones. Todo esto suena banal, pero es más complejo de lo que parece:

- Si resolvemos todos los problemas ocasionados por la decisión de nuestro jefe sobre una tarea, sólo porque nos la asignó a nosotros, estamos impidiendo la evolución y aprendizaje de nuestro jefe, porque sus decisiones no tienen consecuencias negativas aparentes. Si surge un problema por una decisión de tu jefe, busca soluciones y propón alternativas, pero que la decisión de la solución a adoptar sea suya. Primero, porque le pagan para ello, segundo, porque así sigue ejerciendo su liderazgo y tercero, porque será consciente de las implicaciones que cada solución tiene sobre tus tareas asignadas y podrá planificarlas para que las puedas llevar a cabo dentro de tu jornada laboral y no como un sobreesfuerzo.

- Si no hacemos consciente a nuestro jefe de las dificultades generadas por sus decisiones, le estamos negando datos que necesita para gestionar sus recursos adecuadamente. Y así, ni siendo el mejor jefe del mundo, se puede obrar adecuadamente. Este paso tiene a menudo dos implicaciones directas, que hay jefes a los que no les gusta oír que hay problemas y que nosotros no queremos dar a conocer problemas que hemos ocasionado. Si te encuentras en el primer caso, no tengas miedo, porque no hay nada que perder, si tu jefe no ha aprendido ya a enfrentarse a las dificultades, ha de aprender cuanto antes y si crees que tiene dificultades con ello, ayúdale, proponle soluciones, alternativas y ofrece tu disposición, pero no le ocultes los problemas, ni se los soluciones tú. Si por el contrario eres tú el que tiene dificultades para reconocer sus errores, también debes de aprender cuanto antes, porque admitiendo tus faltas, es la única forma de que tu jefe te ayude y de que planifique el trabajo evitando las horas de más. Sé que parece utópico, pero es el único camino de establecer con tu jefe una relación saludable y de confianza mutua. Es necesario hacer el esfuerzo, aunque no sea fácil, porque también es la única opción sincera de que tus tareas vayan de acuerdo con tu jornada laboral.

▶ **Un problema por el hecho de aparecer no tiene por qué ser lo más importante.** Los problemas existen y existirán siempre, debemos aprender a vivir con ellos para valorarlos y solucionarlos de forma adecuada. Como buen trabajador, tratarás de solucionar todo lo antes posible y esa no siempre es la mejor forma de proceder. Las soluciones a dichos problemas han de ser una tarea más en tu planificación de trabajo, y si por ello está presente varios días o semanas, no pasa nada. Nada es tan grave, todo tiene solución a corto o medio plazo. Si hay goteras en el techo, planifica su reparación, no vayas poniendo cubos en cada humedad para que no se estropee la tarima. El buen trabajador es el que trabaja bien, no el que busca solución instantánea a todos los problemas. Trata de mantener la perspectiva, mantenerte frío, así no harás montañas de un grano de arena.

Evita sentirte culpable porque haya dificultades en tu entorno, es el hábitat normal, transfórmalos en tareas, así perderán su connotación negativa y así podrás dejarlos para el día siguiente o para cuando sea pueda, es uno de los aspectos a cuidar si quieres respetar tu propia jornada laboral.

▶ **Ser proactivo no siempre es lo mejor.** Una de las cualidades más alabadas en las organizaciones actuales es la capacidad de sus trabajadores para ser proactivos. El propósito es bueno, anticipar acciones para situaciones o problemas futuros. El peligro que conlleva es la excesiva preocupación por el futuro, lo que puede ser negativo por dos motivos: primero porque el futuro es imprevisible y, por ello, hasta el plan mejor trazado puede fallar, y, segundo, porque demasiada prevención supone hacer un montón de trabajo para un motón de cosas que posiblemente nunca sucederán. Es imposible prever todo, las técnicas de gestión de proyectos aconsejan proveer para las eventualidades más probables y establecer mecanismos de medición que avisen de las más críticas. Eso es todo, a partir de ahí céntrate en el presente, ahorrarás mucho tiempo y energía.

Lo normal es que estos cuatro motivos se entremezclen en tu día a día y, a veces, por ello, tengas más confusión. Trata de mantener tus metas y objetivos claros. Si uno de tus objetivos es ser buen trabajador, actúa en consecuencia, pero evita caer en el error de confundir buen trabajador con ser bueno. Retomando el símil del comienzo, un buen padre no es el que tolera todas las acciones de sus hijos ni el que da a sus hijos todo lo que piden ni el que trata de protegerlos de todo mal. Un buen padre es aquel que educa a sus hijos, les enseña, les pone límites e incluso les prohíbe cuando es necesario. Actuando así es como les cuida, les protege y les demuestra que les quiere.

Piensa en ello y valora con el mismo espíritu crítico tu labor como buen trabajador, debes ser responsable, pero hasta cierto punto; debes asumir tareas, pero hasta donde corresponde; debes ayudar a tus compañeros, pero constructivamente y debes echar un vistazo al futuro, pero de modo comedido. Un padre excesivamente protector es un mal padre, así que, si quieres ser un buen trabajador, evita el exceso de celo. Además de ser mejor trabajador, evitarás trabajo extra innecesario.

2.6 MANTENER LA PERSPECTIVA

"Uno de los síntomas de que se avecina un ataque de nervios, es la creencia de que el trabajo de uno es terriblemente importante."

Bertrand Russell

Reducir la implicación emocional en nuestro trabajo nos da la perspectiva necesaria para mejorar la toma de decisiones y nuestra productividad.

Todo jefe desea tener empleados muy implicados. La creencia es un trabajador entregado hace suyos los problemas diarios, asegura gran productividad y tiene el empuje necesario para solventar cada dificultad.

Bueno, esto es cierto, una persona muy implicada saca fuerzas de donde haga falta y tira para adelante con todo. Justo lo que un jefe quiere, bueyes que tiran del yugo con todas sus fuerzas y aran todo el campo trabajando las horas que sean necesarias, sin protestar y sólo parando para comer.

Sí, sí es cierto, pero NO es la mejor manera de trabajar ni la que mejor productividad garantiza. Así que la mayoría de nuestros jefes están equivocados, es mucho mejor un trabajador éticamente responsable (que es lo que asegura la implicación suficiente) con perspectiva y capacidad de análisis (que es lo que asegura una planificación y gestión adecuadas y, por lo tanto, la máxima productividad).

En teorías de gestión de recursos humanos se habla de la parte de soldado y la de mercenario que hay en cada empleado. A mí me lo explicaron en un excelente curso de gestión de proyectos. Me pareció brillante, pero en realidad no me enteré de nada. Lo redescubrí por mí mismo unos años después y, como en casi todos los cambios de mentalidad, lo aprendí porque me pilló por sorpresa[24].

Durante muchos años he sido un trabajador profundamente implicado con todo y he sido un buey magnífico, tiraba para adelante con todo. Trabajaba infinitas horas y solventaba todos los problemas que surgían. Como decíamos, un buen trabajador.

---

24 Normalmente cuando nos cuentan nuevas ideas que no vemos o no compartimos, nos oponemos a ellas como tercas mulas, no por mala leche, sino porque es lo que nos sale de dentro; consciente o inconscientemente levantamos las barreras de defensa y se jorobó el verdadero aprendizaje. En cambio si te pillan por sorpresa, las nuevas ideas entran plácidamente y entonces llega el cambio.

Luego, afortunadamente, me surgió una oportunidad laboral para trabajar en lo que siempre había deseado. El nuevo puesto tardaría aún unos meses en llegar, pero estaba encantado ante la ocasión. Es fácil de imaginar que en esta situación me distanciara emocionalmente de mi trabajo, perdió importancia en mi vida, así que empecé hacer las cosas de otro modo, con más perspectiva. He de decir que al principio hasta me sentía un poco culpable, porque mi actitud era más frívola. Pasados un par de meses, me di cuenta de que, efectivamente, era un poco más *pasota*, pero que en realidad hacía mi trabajo ¡mucho mejor que antes!

El tema me dejó anonadado, yo el trabajador *superimplicado* y perfecto había dejado de trabajar como un animal[25], y hacía mi trabajo mejor. *¡¡¿Cómo era posible?!!* Bueno, por varios motivos que sucesivamente fueron generando un puñado de actitudes y acciones muy positivas.

Para entenderlo mejor, piensa por un instante, que eres tú quien se distancia emocionalmente: ¿qué es lo que cambiaría?

1. Si te implicas menos en el trabajo quitas las emociones de en medio, que parece que para jugar a fútbol son necesarias pero que, en general, para planificar y tomar decisiones adecuadas no ayudan mucho por dos motivos:

    - **Demasiada implicación evita que pensemos fríamente las cosas.**

      Es decir, evita que analicemos los datos y las circunstancias racionalmente y decidamos en consecuencia.

25   Lo que ya en sí mismo denota poca inteligencia en el asunto

- **Las emociones provocan decisiones en sí mismas.**

    Con frecuencia decidimos cosas simplemente para evitar sentimientos desagradables (decepción propia y ajena, angustia, agobio...), con lo que no decidimos lo mejor para el trabajo sino para nuestro corazoncito (por ejemplo, decimos que sí a todo por evitar conflictos con el jefe, trabajamos horas de más para no afrontar un reproche de un compañero, o accedemos a cosas ilógicas por tener contento a un cliente, etc.).

2. Si piensas fríamente valorarás objetivamente el trabajo propio y ajeno, lo que normalmente se traduce en:

- **No lacerarte por errores propios, que en realidad no son tan importantes.**

    Cuando uno está muy implicado, es frecuente que, por cada error, por pequeño que sea, te sientas bastante mal contigo mismo durante bastante tiempo, a veces días.

- **Valorar adecuadamente todo tu buen trabajo.**

    Si estamos emocionalmente volcados en nuestro trabajo, estamos tan centrados en resolver los problemas, que normalmente no vemos todo el trabajo bien hecho. Valoramos poco todo lo que sí hacemos bien.

- **Ser justo con el trabajo ajeno.**

    En situaciones de mucha carga de trabajo y de falta de perspectiva, solemos magnificar los errores de nuestros subordinados y valorar poco sus méritos, es decir, proyectamos en ellos nuestras frustraciones. En cambio, hacemos justo al revés para nuestros superiores o para los clientes, por ello asumimos nosotros sus errores y sus virtudes las engrandecemos para justificar nuestra actitud servil.

3. Si valoras objetivamente el trabajo propio y ajeno, planificarás y gestionarás adecuadamente cada tarea, porque serás capaz de:

- **Priorizar las cosas según su importancia.**

  En situaciones de estrés adquiere protagonismo aquello que genera tensión y, sin embargo, muchas veces no es lo más importante. Debes centrarte en hacer las cosas bien y en su orden lógico. Huye del orden que dicta el enfado de un jefe ante un error o las expectativas de un cliente insatisfecho.

- **Estimar adecuadamente los tiempos de ejecución.**

  Es muy frecuente distorsionar la estimación que hacemos del tiempo que realmente tardamos en ejecutar una tarea. Normalmente sabemos lo que se tarda en hacer algo, pero si deseamos que sea de otro modo, nos convencemos a nosotros mismos de que así será y terminamos pensando que se podrán realizar la tarea en plazos que no son realmente posibles.

- **Trabajar con los recursos disponibles.**

  Somos tendentes a organizar el trabajo de acuerdo con cómo nos gustaría que fueran las cosas o las personas y no como realmente son. Cuando estamos muy implicados esperamos que todo el mundo reaccione y actúe igual que nosotros, y nos frustramos siempre que no es así. En lugar de adecuar el trabajo a las virtudes y defectos de los demás, tratamos de que actúen de acuerdo a cómo queremos que sea realizado un trabajo. Esto además de no funcionar, nos impide sacar provecho de las virtudes que realmente aporta cada persona.

- **Gestionar adecuadamente las expectativas.**

  Si organizas de forma objetiva el trabajo a realizar, ofrecerás una visión realista a tus compañeros, jefes y clientes, entonces lo comunicarás como tal, con lo que conseguirás dos cosas: por un lado, generarás expectativas adecuadas a la realidad del trabajo (lo que evitará malos entendidos y más emociones encontradas en el proyecto), y, por otro, podrás afrontar y resolver las discrepancias en los resultados de una tarea antes de que se haya completado, y no al final cuando la solución suele entrañar más dificultades.

4. Si planificas y gestionas de modo eficiente, serás más productivo. Es complicado ser verdaderamente productivo cuando se dispara al azar hacia objetivos inalcanzables, es mucho más fácil cuando los esfuerzos se orientan adecuadamente porque:

- **Las tareas se realizan para la consecución de los objetivos del trabajo.**

  Una fuerte implicación emocional suele fomentar que trabajemos por impulsos, nos dejemos arrastrar por ellos y acabemos dedicando un montón de tiempo a cosas que no son verdaderamente necesarias o son poco importantes. Debes empezar la casa por la estructura y dejar para el final las molduras de las puertas.

- **Un buen enfoque general permite desgranar el trabajo en pequeñas tareas.**

  Todas las buenas prácticas para mejorar la productividad aconsejan dividir el trabajo en pequeñas tareas que se puedan realizar en unas horas. Un marco de trabajo bien establecido asegura que todas esas tareas son pequeños pasos para la consecución de los objetivos planteados.

- **Las tareas pequeñas son fáciles de organizar y de alcanzar.**

  Con pequeñas tareas podemos organizar fácilmente nuestro trabajo diario. Si sólo tienes una o dos tareas para realizar cada día, podrás concentrarte mejor, mejorando así tu capacidad productiva. De igual modo, las tareas pequeñas aseguran pequeños logros diarios que ayudarán a tu motivación personal, que también es importante para mejorar tu productividad.

Como te podrás imaginar, de todo esto no fui consciente de golpe y porrazo, ha sido necesario mucho tiempo para ser capaz de entender todas las implicaciones que tuvo ver mi trabajo con cierta perspectiva. Así que, si te plantea dificultades asimilar todo el proceso, no te preocupes, volveremos a hablar de muchas de estas cosas. De momento es suficiente con que pienses en todo lo positivo que conseguirás en tu trabajo si eres capaz de distanciarte emocionalmente. Te darás cuenta de que el mundo no se derrumba porque hayas cometido un error, mañana será otro día en el que seguramente podrás arreglarlo.

En este punto, la principal dificultad viene dada por no ser verdaderamente conscientes de nuestro grado de implicación emocional. Normalmente pensamos que somos capaces de mantener la perspectiva, que no nos dejamos arrastrar por nuestro trabajo. Pero en muchos casos no es así. Yo, de hecho, de no ser por la ayuda externa que tuve, hubiera tardado mucho tiempo más en distanciarme y controlar mi implicación.

Permítete a ti mismo dudar. Piensa por un momento que igual sí eres adicto a tu trabajo. Trata de frivolizar un poco los problemas e implicaciones que acarrea, e incluso banaliza los logros que obtienes. Un buen ejercicio que me aconsejaron es que trates de imaginarte lo importante que será lo que estás haciendo ahora dentro de un año. Si dentro de un año lo que te preocupa seguirá teniendo relevancia, entonces merece la pena la implicación emocional que tengas en el asunto. En cambio, si dentro de un año no será en absoluto importante y habrá caído en el olvido, duda de la importancia que le estás dando ahora.

Echa mano, también, de ayuda externa. Cuenta tus dificultades y éxitos laborales a personas ajenas a tu círculo laboral, sus reacciones te darán pistas acerca de tu visión de tu día a día y te ayudarán a ser más objetivo al valorar tu trabajo y tus prioridades.

Con perspectiva y cierta distancia, tu labor mejorará, mi propia experiencia me lo ha demostrado. Adicionalmente tendrás ventajas para tu faceta personal. Si mejora tu calidad de trabajo, no necesitarás dedicarle tantas horas, lo que supone una mejora directa a tu calidad de vida. Pero, además, adquirir perspectiva te permitirá relativizar la trascendencia de tu trabajo y será más fácil que des más importancia a aquello que ocurre lejos de la oficina, lo necesitas para lograr el equilibro que te haga más feliz.

2.7 PERFECCIONISMO

"He fallado más de 9.000 tiros en mi carrera.
He perdido casi 300 partidos.
26 veces, se me confió el tiro ganador y fallé.
He fallado una vez, y otra, y otra en mi vida.
Y por eso tuve éxito"

Michael Jordan

"He ofendido a Dios y a la humanidad porque mi trabajo
no alcanzó la calidad de debiera haber tenido"

Leonardo Da Vinci

Una búsqueda utópica del perfeccionismo en el trabajo lleva a tergiversar las verdaderas necesidades, genera frustración y empuja a trabajar horas de más.

Con frecuencia, el hecho de que alguien trabaje demasiadas horas, no se debe tanto al exceso de trabajo como al exceso de celo en su ejecución. Tratar de realizar un buen trabajo es loable Varias veces a lo largo del libro hago énfasis en la importancia de una ética profesional como catalizador de un buen trabajo, como base para mejorar la motivación y como motor de la búsqueda de superación. Sin embargo, es frecuente que la intención de realizar un buen trabajo degenere en un celo excesivo o en una búsqueda de perfección irreal e inadecuada.

Es frecuente que las personas que buscan empecinadamente la perfección en su trabajo conviertan a ésta en el argumento que justifica sus acciones y, además, lo consideran un argumento sólido e indiscutible. De hecho, con frecuencia, el entorno también considera digno de alabanza un comportamiento así, pero creo necesario romper este mito, buscar la perfección en el trabajo no siempre es ser un buen profesional.

Realizar un trabajo que busque la perfección puede tener cierta razón de ser en entornos laborales ligados con la artesanía, el arte o el virtuosismo. Entornos que por otra parte no suelen focalizar sus esfuerzos en la productividad. Pero a la mayoría de nosotros nos pagan para ser productivos y desde luego nuestro trabajo no tiene que ver con la artesanía ni el virtuosismo. Por ello, nos equivocamos si tratamos de que nuestro trabajo tenga dichas cualidades.

La búsqueda de la perfección conlleva tres malas prácticas que debes evitar cometer:

1. **La perfección NO existe, así que únicamente se trata de una cuestión de percepción**, un ejercicio de subjetividad de lo que cada uno considera "perfecto" para un determinado desempeño. Digo cada uno porque, como con toda percepción, cada cual tenemos la nuestra. Y si tenemos cada uno la nuestra, no es buena herramienta como baremo de la calidad de una tarea.

2. Buscar la perfección supone centrarse tanto en la propia ejecución, que **provoca que estemos ciegos a las circunstancias de nuestro entorno.** Los condicionantes externos afectan y deben influir en su realización. Debemos ser sensibles a cuál es el tiempo de ejecución adecuado, qué nivel de calidad es suficiente, cuál deseable y qué factores ambientales aconsejan un proceder u otro. Si focalizas tu atención en la perfección ejecutando una tarea, estás siendo ajeno al entorno, y seguramente no estés trabajando del mejor modo posible.

3. **Si anhelamos la perfección es por incapacidad de aceptar los propios errores.** Buscamos la perfección (aunque en el fondo sabemos que es una utopía) porque no soportamos emocionalmente nuestro disgusto ante un error. Nos sentimos tan mal cuando aparece un error por nuestra culpa que somos capaces de hacer lo imposible por no volver a sentirnos tan mal y por evitar el sentimiento de defraudar a terceros. La solución no es tratar de evitar los errores, que, por otro lado, siempre vamos a acabar cometiendo. El camino consiste en trabajar sobre cómo te sientes cuando cometes un error. Si consigues aceptar tus propios errores y aprendes a manejar positivamente las críticas ajenas, te liberarás de un pesado lastre. Sólo entonces tus esfuerzos estarán enfocados en hacer las cosas lo mejor posible, en lugar de centrarse en evitar fallos.

Como puedes ver, la búsqueda de la perfección es un profundo ejercicio de subjetividad e individualismo. Tanto una como otra cualidad son necesarias tanto en el ámbito profesional como el personal, nuestra búsqueda de la felicidad se alimentan de ellas. Sin embargo, también son el foco del egoísmo, de la ambición desmedida y de conductas poco sociales. Son cualidades muy cercanas a nuestra propia emotividad y, por ello, es bastante fácil que generen tensiones, emociones y acciones poco equilibradas.

Mientras estudiaba la carrera trabajé algunos años en salas de cine. Durante un verano trabajé en la cabina de proyección, donde ayudaba a un gran profesional con más de 40 años de experiencia. Si máxima era: "Si haciendo las cosas bien a veces salen mal, imagínate como saldrán si de partida lo haces mal", máxima que he intentado aprender y aplicar en mi trabajo, tenía toda la razón del mundo, debemos hacer las cosas bien. Según me decía, toda su vida se había centrado en trabajar lo mejor posible y doy fe de que lo hacía muy bien. Sin embargo, en su caso esta máxima degeneró en obsesión, hasta el punto de que, por ejemplo, afilaba las tijeras para cortar el celuloide todos los días o accionaba el apagado de cada interruptor tres veces para cerciorarse de estaban en off. Te puedo asegurar que en una cabina con 5 proyectores de cine hay muchísimos interruptores.

Analiza por qué buscas la perfección, sé crítico contigo mismo, evalúa tus sentimientos al respecto y trata de equilibrar tus percepciones y búsqueda irreal de una tarea sin errores. Entre tanto, te propongo pequeñas acciones que te ayudarán a evitar el perfeccionismo como objetivo y a mejorar la forma en la que trabajas:

▼ Haz que la mejora en la ejecución venga con el tiempo. Las primeras veces que haces algo es difícil que vayas a realizar una ejecución brillante. Céntrate en las particularidades de lo que estás haciendo y trata de establecer los caminos de mejora. Si eres inexperto en una determinada tarea buscar la perfección sólo va a entorpecer el trabajo y generar frustración. Si eres novato te faltará experiencia práctica incluso para evaluar tu trabajo adecuadamente. Deja de lado la calidad en la ejecución, es más importante que centres tu esfuerzo en el aprendizaje para ir mejorando de acuerdo con tus primeras experiencias.

▼ Analiza con detenimiento las circunstancias reales de tu trabajo. Entre tus aspiraciones puede estar la de ser un excelente cocinero, pero si de momento trabajas en un restaurante de comida rápida, tu trabajo requiere otras cualidades que necesitarás para ser un excelente cocinero en el futuro. Evita la frustración por no poder hacer tu trabajo como sueñas y motívate con las cosas que tu trabajo actual sí te aporta (por ejemplo, rapidez de ejecución, capacidad de maniobra o trabajar en circunstancias adversas), trabajarás mejor y evolucionarás más deprisa.

► Separa tus propios objetivos de los de la empresa. Puede que para ti una buena ejecución sea muy importante, pero a veces ese exceso de presión es negativo y es probable que en tu empresa un buen trabajo sea aquel que responde bien al qué y al cuándo, y no sea tan importante el cómo.

► Evalúa los sacrificios que haces en tu vida para satisfacer a tu ego con la búsqueda de la perfección. Cuando, a pesar de todo, insistes en invertir horas adicionales de trabajo para que tu jefe te pueda recompensar con un "excelente trabajo", piensa si merece la pena sacrificar ese tiempo de tu ocio. ¿Tiene más valor para ti un "excelente trabajo" que un "buen trabajo" sumado a las tardes de una semana pasadas con tus hijos en la piscina?

► Aprende a ser un poco "dejado" en tu trabajo. Si quieres conciliar tu vida laboral y personal, tendrás que ser capaz de dejar algunas cosas a medias, de tolerar cierta desorganización e incluso asumir los errores que sabes que tiene la tarea realizada. Hasta el mejor libro contiene erratas en el momento de su publicación, muchas conocidas y, sin embargo, los libros se publican.

► Pondera la verdadera importancia de los errores en tu trabajo. Si lo piensas con detenimiento hay muy pocos entornos que demandan tener cero errores, probablemente sólo los relacionados con la vida humana, el resto es remediable. Un error en una operación a corazón abierto es verdaderamente grave, un *bug* en una aplicación, una pared mal pintada o una abolladura en un coche, no es ni muy grave ni irreparable en caso de serlo.

Es posible que, incluso después de analizar con detenimiento las circunstancias de tu búsqueda de la perfección, consideres que la excelencia en la ejecución es importante para ti. En este caso te propongo dos cosas: primero, analízalo de nuevo, sé más crítico contigo mismo, merece la pena; segundo, no vincules la búsqueda de perfección a tu trabajo. Si estás en este caso, será porque te gusta mucho lo que haces en tu desempeño diario y, por ello, realizar un buen trabajo te gratifica. Mi consejo es que busques esa gratificación en tu tiempo de ocio, en tareas para ti, de este modo evitarás los conflictos entre la ejecución y la productividad y, lo que es más importante, evitarás que tu interés en ser "artesano" condicione tu jornada laboral.

Alternativamente, si necesitas que tu trabajo sea más artesanal, más dedicado a la tarea, y estás en una empresa que demanda productividad (como son la mayoría), cambia de trabajo, busca un lugar donde puedas trabajar del modo que deseas o monta tu propia empresa, de modo que tú mismo equilibres el trabajo excelente con la productividad.

Es importante buscar la mejora en nuestro trabajo, pero hemos de conseguirla basándonos en el análisis de lo que hacemos, teniendo en cuenta las circunstancias, y el entorno: recuerda tus propios objetivos vitales de conciliación. No te pongas como objetivo una meta lejana inalcanzable, mira hacia atrás, hacia lo tangible y ponte objetivos de mejora para lo ya realizado. Así evitarás dejarte llevar por percepciones subjetivas de perfección, te adaptarás a las circunstancias y ponderarás los errores .

2.8 VIVIR CON LA INCOMODIDAD

"Valor no es la ausencia de miedo, sino juzgar que algo es más importante que el miedo"

Ambrose Redmoon

"Puedes avanzar hacia el crecimiento o retroceder hacia la seguridad"

Abraham Maslow

Hasta recorriendo el mejor de los caminos posibles encontrarás personas dispuestas a quejarse.

El camino más seguro hacia la ineficacia personal y profesional es tratar de satisfacer a todo el mundo. Cuando tus acciones van encaminadas a que todo tu entorno esté contento, estarás recorriendo un camino retorcido. Primero, porque estarás constantemente insatisfecho, ya que por mucho que uno lo intente, siempre habrá alguien descontento con lo que haces. Y segundo, porque tus objetivos y prioridades a largo plazo se verán enterradas por los objetivos o caprichos de terceros, así, es muy difícil avanzar del modo que uno realmente desea.

El motivo de todo ello es que, en general, no queremos defraudar a la gente cercana o, de forma más global, nos gustaría que todo el mundo estuviera contento. Es normal, si eres una persona sensible a la que le preocupa el bien ajeno y la armonía, es muy sencillo caer en este tipo de hábitos. A todos nos gustaría vivir en un mundo sin desencuentros y sin insatisfacciones, pero la realidad es otra muy distinta y además es inevitable. Aun así, y de forma contraproducente, intentamos constantemente poner todo de nuestra parte para solucionar todos aquellos entuertos en los que nos vemos implicados, seamos responsables o no. Cuanto más sensibles o inseguros somos, más intentamos solucionar y hacer nuestras las dificultades de nuestro entorno, incluso aunque en absoluto seamos responsables de ellas.

La razón última para todo ello es que no queremos vivir con la incomodidad que nos ocasiona tales problemas. En función de nuestra forma de ser y del grado de tensión o de dificultad de la situación, la incomodidad será leve o cada vez más grave, llegando a estados de frustración y, en el peor de los casos, ansiedad, estrés y angustia. De acuerdo con el diferente grado de incomodidad, nuestra respuesta será comedida o totalmente desmesurada. Pero en todos los casos hay un patrón común: nuestros actos no están orientados a ser más productivos o eficaces, ni a cumplir los objetivos de los demás, cuando la incomodidad aparece nuestros actos se centran en evitar que así sea. De este modo, nuestras acciones pasan a estar gobernadas por el deseo de evitar un sentimiento desagradable, dejan de estar regidas por lo que es más adecuado o más productivo.

La incomodidad es inevitable, asúmelo, tarde o temprano, fruto de tus acciones o de la de otros, te vas a encontrar con ese sentimiento. Por ello, si tratas de evitarlo a toda costa, estarás constantemente frustrado y cada vez pondrás más ahínco en evitar que suceda la vez siguiente y la siguiente y otra más. En cada paso harás esfuerzos más grandes para evitar toda incomodidad y, como no es posible, la incomodidad volverá, la frustración será mayor, y la incomodidad será más grande, más insoportable. Así sucesivamente, es un círculo vicioso, del que es complicado salir.

La solución pasa por aprender a vivir con las situaciones incómodas. Debes aprender que tus acciones de una forma u otra acabarán generando tensiones con un tercero, asumir que esto es así, saber que ocurrirá y estar preparado emocionalmente para ello. Pero tu forma de actuar y de hacer las cosas debe ser de acuerdo con tus objetivos o intenciones personales y laborales. En definitiva, actuar de acuerdo con lo que está bien según tu forma de ver las cosas y el contexto en el que te encuentras.

Esta es la base sobre la que se sustentan valores cada vez más apreciados en una persona y también en un entorno laboral. Cada vez más cursos de formación para los trabajadores hacen énfasis en la "asertividad", en evitar ser arrastrados por el "qué dirán", en definitiva, en aprender a defender la propia posición y decir NO cuando es necesario.

Haz el ejercicio de ponerlo en números. Imaginemos que eres una buena persona, un buen trabajador, que se preocupa mucho por los demás. Supongamos que, por ello, consigues satisfacer a la mayoría de las personas de tu alrededor y pongamos que dejas contentas a nueve de cada diez personas. Siendo así seguramente serías una de las personas que mejor lo hace, una especie de héroe. Bien, pues aún en ese caso, crearías tensiones y sentimientos de haber defraudado a una de cada diez personas con las que te encuentras. Ahora piensa con cuántas personas te relacionas en tu entorno laboral, pongamos en un mes. Aunque sólo fueran cien, supondría que fácilmente te encontrarías con al menos una muestra de desacuerdo al día. Y ello, a pesar de tus mejores esfuerzos.

La conclusión es clara: aprende a vivir con las muestras de desacuerdo ajenas, ya que estas llegarán constantemente. Centra tus esfuerzos en hacer las cosas bien de acuerdo con tu criterio y tus objetivos.

Muy posiblemente tendrás dudas y, en ocasiones, no verás clara la mejor línea de actuación. En este caso busca referentes externos, pero no cualquiera. Consulta con personas que en realidad te importen, con la gente cuyas opiniones te importan de verdad: tu familia, tus amigos cercanos o los compañeros de trabajo con los que compartes la forma de ver las cosas. Utiliza este recurso no para buscar su aprobación, sino porque en las personas que te rodean encontrarás el reflejo de lo que tú eres y piensas, así encontrarás la opción de acuerdo a cómo eres.

3

CAMBIANDO TUS ACCIONES

Acciones concretas para mejorar la forma en la que trabajas

*"Recuerda, una verdadera decisión es medida
por el hecho de que has realizado una nueva acción.
Si no hay acción, en realidad no has decidido."*

Anthony Robbins

En la vida, la mejor forma de recorrer el camino es andando, haciendo algo por pequeño que sea. Todos los caminos teóricos recorridos hasta ahora nos permiten orientar nuestra vida hacia donde deseamos y nos permiten hacer frente a las circunstancias laborales que creemos adversas. Pero vamos a comenzar con las acciones concretas, pequeñas acciones del día a día. Son las que nos llevarán a mejorar la forma en la que trabajamos, la forma en la que nos organizamos y que nos abrirán el camino que estamos buscando, el de la conciliación laboral y profesional.

En este apartado, encontrarás actuaciones concretas que aplicar en tu forma de trabajar, la idea es que las incorpores a tu día a día y que generes nuevos hábitos. Un hábito es una herramienta muy poderosa, la más poderosa en nuestro día a día. Un hábito por sí mismo puede ser el causante de muchas de las cosas buenas y no tan buenas que ocurren a tu alrededor, a corto y a largo plazo. Tenemos hábitos de todas las clases y categorías, tenemos costumbre de sonreír o no, de dar las gracias, de recoger después de cenar, de sentarnos adecuadamente en nuestra silla, de mirar antes de cruzar..., gran cantidad de las acciones que llevamos a cabo, las hacemos de acuerdo con el hábito que hemos adquirido.

Lo curioso es que, a pesar de ser tan importantes en nuestra vida, hemos adquirido la mayoría de nuestros hábitos de forma inconsciente y, por eso, sus consecuencias pueden ser positivas y negativas. Si son buenos hábitos, serán acciones constructivas, que a su vez generarán consecuencias beneficiosas para nosotros y para nuestro entorno. Si son malos hábitos, "vicios", serán acciones con una componente negativa, que será la causante de dificultades más o menos tangibles en nuestro día a día. La dificultad estriba en que, como hábitos que son, forman parte de nuestra vida cotidiana y, por ello, muchas veces es difícil darse cuenta de sus consecuencias. La costumbre ha conseguido que no nos demos cuenta de lo que ocasionan para lo bueno y para lo malo. Un mal hábito en algo tan sencillo como dar la mano de modo esquivo en una presentación formal, algo así favorecerá una percepción inicial negativa de nosotros ante nuestro interlocutor. Del mismo modo que el buen hábito de dar la mano con firmeza acompañado de una sonrisa ayudará a encontrarnos con una interlocución inicial más sencilla. Tanto un ejemplo como el otro condicionan la percepción inicial que de nosotros puede tener una persona que no nos conoce, y, por lo tanto, afectar al posterior encuentro.

Como decía, la dificultad viene dada por nuestra costumbre de hacerlo así y, por lo tanto, nuestra percepción de normalidad ante las reacciones. Siguiendo con el ejemplo, en el primer caso, estaremos acostumbrados a tener primeros encuentros fríos y distantes (por lo que seguramente no nos gustará encontrarnos por primera vez con otra persona) y, en el segundo caso, nos parecerá normal que la gente nos sonría y nos acoja de modo amigable (en este caso el primer encuentro no será un problema para nosotros).

Ahondando un poco más, si estamos acostumbrados a las reacciones, nos parecen normales y dejamos de darnos cuenta que vienen causadas por nuestro hábito, enseguida asumiremos que "la gente es así": fría y poco receptiva en un caso, amable y acogedora en el otro. Tenemos cientos de hábitos diarios, millares de aconteceres en nuestra vida, que nos favorecen o nos perjudican, y apenas somos conscientes de ello. De este modo simplemente por nuestros hábitos, nuestra vida puede desarrollarse con mayor o menor facilidad, en función de lo que afectan los buenos y malos hábitos. Es la diferencia que, por ejemplo, hace que se nos considere más o menos afortunados.

Los hábitos son poderosos, muy poderosos en nuestra vida, más de lo que nos damos cuenta. La parte buena es que, aunque nos falte costumbre, podemos ser conscientes de ellos, y podemos modelarlos de acuerdo con nuestros propósitos.

En mi caso hace tiempo, a pesar de no tener, las ideas tan claras como ahora, comencé a llevar a cabo una serie de hábitos que me ha dado buenos resultados, por ejemplo, es muy difícil que se me olviden las llaves de casa. Como he vivido mucho tiempo sólo, me obligué conscientemente a guardarlas en el bolsillo izquierdo de mi pantalón después de utilizarlas, desde que conseguí adquirir el hábito, las llaves no han vuelto a ser un problema. Este es un ejemplo sencillo, pero es algo muy parecido a lo que hice para mejorar con ciertos aspectos de mi timidez de adolescente.

Un hábito es la forma en la que hacemos una acción cotidiana, por lo tanto, cambiar un hábito es cambiar la forma con la que realizamos muchas de las acciones de nuestro día a día. De igual modo, adquirir una serie de hábitos que no tenemos puede suponer la diferencia que nos acerque a la vida que queremos llevar.

Nuestra vida profesional está compuesta de un motón de acciones que, a fuerza de costumbre, hemos transformado en hábitos, que son los que nos ha llevado a trabajar de una forma y no de otra. Es frecuente que hayamos adquirido hábitos en aquel momento de nuestras vidas en el que conseguir un trabajo era lo más importante y, por lo tanto, sean hábitos que nos lleven a seguir haciendo las cosas como si nuestro trabajo siempre estuviera en entredicho, como si tuviéramos que agradecer constantemente que nos eligieran a nosotros entre muchos candidatos, como si no hubiera nada tan importante como nuestro trabajo. Estos hábitos son los que te ayudaron a tener un trabajo, cumplieron su misión, ya tienes tu trabajo. Ahora necesitas hábitos que mejoren tu forma de trabajar, y que mejoren tu vida personal.

En este apartado, vamos a ver cómo mejorar acciones que llevas a cabo en relación con tu desempeño laboral para que puedas generar nuevos hábitos, hábitos que te hagan ser más productivo, más organizado, más riguroso con tus horarios, y que den más cabida a tu vida, más allá del trabajo.

Una cosa más: es posible que te cueste aceptar o adoptar algunas de las ideas y pensamientos que hemos recorrido hasta ahora, el motivo es que cambiar las ideas es difícil sin algo tangible con lo que cotejarlas. Ahora bien, si adquieres nuevos hábitos, también comenzarás a ver algunas cosas de modo diferente, serás más consciente de tus opciones y éstas te ayudarán a descubrir que otra vida es posible. De este modo, los nuevos hábitos en pequeñas acciones fáciles de hacer, también te ayudarán al cambio más difícil: el cambio de mentalidad, ese que te abrirá el horizonte definitivo hacia una vida mejor.

3.1 RESPETA LOS HORARIOS

"El trabajo es el refugio de la gente que no tiene nada mejor que hacer"

Oscar Wilde

La conciliación de la vida laboral y personal casi siempre se reduce a un único principio: respetar los horarios.

Se trata de empezar por el principio, armonizar tu vida profesional y personal consiste básicamente en respetar los horarios. Si respetas el horario de cada uno de los aspectos de tu vida, los pesos estarán equilibrados y el puzle encajará.

Parece sencillo respetar el horario, pero desde luego no debe de serlo si nos lo saltamos constantemente y acabamos llegando tarde y haciendo muchas cosas fuera de su momento: trabajar cuando deberíamos estar en el parque con los niños, enfadarnos cuando tendríamos que disfrutar, agobiarnos en el momento de dormir, relajarnos cuando tocaría trabajar... Llevamos a cabo tantas cosas en el momento que no debemos, que incluso se hace difícil pensar que no es a propósito, porque ¿no es a propósito, verdad? Bueno, entonces si carece de intención, será porque nos dejamos arrastrar hacia el lugar equivocado, en cuyo caso tendremos que tomar la sartén por el mango y hacer que las cosas sean un poco sosas cuando corresponde, porque así también serán dulces cuando han de ser dulces.

Los motivos para actuar así son diversos y hemos repasado algunos en la primera parte del libro. Lo que tratamos de hacer ahora es cambiar, desde la acción, las conductas que ocasionan malos hábitos en nuestro trabajo, en nuestra vida privada. Si aún no tienes claros los motivos que te llevan a incumplir los horarios, céntrate en cumplirlos, es más práctico, y está al alcance de tu mano.

Comenzaremos por el horario que más nos ocupa y preocupa: el horario laboral.

Acción 1: Cumple los horarios de modo estricto

Ponte como primera tarea cumplir los horarios de modo estricto, ello te reportará dos tipos de beneficios, directos e indirectos. El beneficio directo es tu tiempo, si tu horario es de 9 a 6 y no estás acostumbrado a cumplirlo, el mero hecho de respetarlo te reportará mucho tiempo diario. 24 horas al día menos 8 de trabajo y una para llegar a él son 15 horas para tus quehaceres y para lo que consideres oportuno, 15 horas cada día, no está mal, ¿no?

El beneficio indirecto también será inmediato. Si te disciplinas para tu cumplir tu horario laboral, también tendrás que cambiar un buen puñado de cosas para que sea posible, todas ellas positivas: te tomarás más en serio tu horario de trabajo y, por ello, también tu tiempo de ocio; tendrás que mejorar la forma en la que trabajas; deberás organizar de forma diferente tus quehaceres para llegar y salir de la oficina a tu hora; cambiarás tus hábitos de ocio porque podrás hacer las cosas habías dejado aparcadas, y así sucesivamente. Es como una bola de nieve rodando por la ladera de la montaña, va tomando velocidad y tamaño hasta que resulta imparable. Para que comience a rodar, sólo hay que hacer una bola con unos cuantos puñados de nieve y darle el empujón inicial. Veamos qué te hace falta para que la bola tenga peso suficiente y ruede sola:

▶ Respeta tu horario laboral:

Comienza y termina tu trabajo a la hora que te corresponde. Ello implica también que no puedes trabajar por la noche ni los fines de semana. Si tu horario es de 9 a 6, trabaja de 9 a 6, ni un minuto menos, ni un minuto más. Aplica también este planteamiento para los descansos para cafés o para comer, no dejes que se dilaten. Los descansos son necesarios, pero en su tiempo justo, de otro modo se convierten en sumideros de tiempo, a los que te dejas arrastrar para relajar la tensión de jornadas de 10 horas o más o para evitar volver a esas tareas pesadas que tanto te cuestan. Lo digo por experiencia propia: cuando empiezas a salir más tarde de tu hora, también empiezas a alargar los descansos, la excusa suele ser algo así: "ya que voy a salir a las mil, me da igual salir media hora más tarde, y tomarte este café tranquilo". En efecto, como alargas más los descansos, sales más tarde y, como sales cada vez más tarde, necesitas más descansos, es el cuento de nunca acabar. No dejes que esto te ocurra, usa el reloj y sé firme.

▶ Haz que sea inamovible:

Tienes que ser estricto con los demás y contigo mismo. No alargues el trabajo, no hagas excepciones, ni por 5 minutos, ni por 10, ni para hacer o recibir llamadas, ni para contestar un correo, ni para leer un informe. TODO tu trabajo ha de estar donde le corresponde por horario. Si lo haces así, tendrás límites concretos que te motivarán para centrarte y para que todo el trabajo que no puede esperar se haga a tiempo. Si tienes una tarea importante que no puede esperar a mañana, respetar el horario te ayudará a priorizar adecuadamente, descartarás las tareas intrascendentes o poco relevantes, para concretarte en lo que realmente has de hacer.

▶ Céntrate en cada momento:

Focaliza tu atención en las tareas que debes llevar a cabo, esto no sólo aplica a tu horario laboral, sino también fuera de él. Si nuestro trabajo es germen de preocupaciones, es muy frecuente que éstas nos asalten al menor descuido. Por ello el horario también has de aplicarlo para las cosas que estás pensando. Es muy fácil que, si después de trabajar tienes un rato relajado para ti, que te permita divagar, acabes dando vueltas a problemas laborales. Descártalos, si no estás trabajando no podrás hacer nada para solucionarlos y sólo aumentarán tu preocupación y tu ansiedad. Cuando estamos relajados, la mente está clara y serena. Es como una autopista para pensamientos negativos, practica cómo ponerles freno, sino terminarás pasando el día acompañado de ellos y eso no es bueno para nadie. Acostúmbrate a cumplir los horarios también mentalmente, disfrutarás más de tus momentos de ocio, de tus hijos, de tu vida social, estarás más tranquilo y serás más productivo.

▶ Busca actividades para tu tiempo libre:

Haz que merezca la pena tener tiempo libre, piensa en descansar, pero también, llénalo de actividades que te gustan. Si por un exceso habitual de trabajo no tienes costumbre de buscar actividades para tu tiempo libre, piensa en las cosas que te gusta hacer y tienes postergadas, en aquellas que habías relegado por falta de tiempo. Si aun así te cuesta encontrar actividades que encajen en tu tren de vida actual, busca en tu entorno, consulta las actividades deportivas, culturales o de otro tipo que haya en tu barrio o ciudad. Acércate a los centros municipales, las bibliotecas, los polideportivos, los centros de baile, las asociaciones de la zona, las academias, te sorprenderá la cantidad de actividades que se llevan a cabo en tu entorno. Escoge aquellas que conoces y te gustan o prueba otras nuevas, sin miedo, evita pensamientos del tipo " ¿y si no me gustan?" Si no te gustan, las puedes cambiar, no es como una hipoteca, puedes dejarlo cuando quieras, no te sientas mal por ello, no todo te tiene porque gustar. Prueba varias diferentes hasta que encuentres aquellas que hacen que el tiempo se te pase volando y que te hagan volver a casa de buen humor.

Si te falta hábito de ocupar tu tiempo libre, mi consejo es que al principio busques actividades que te ayuden a cumplir tus horarios, para ello han de tener dos características fundamentales: que conlleven cierto compromiso, y que requieran concentración. El compromiso te ayudará a cumplir tus horarios con más facilidad, si te encargas de recoger a los niños del colegio es más probable que salgas del trabajo a tu hora que si, por ejemplo, te apuntas al gimnasio. Por otro lado, escoger una actividad que requiera concentración, te ayudará a cumplir los horarios mentales, evitando pensar en tus preocupaciones laborales o de otro tipo.

Recuerda, un horario es como un reducto, si mantienes cada cosa en su periodo de tiempo, mantendrás cada tarea donde tiene que estar. Utiliza el horario de forma positiva, no como un foco de estrés, sino como límites que estructuren tu día a día, así evitarás que tareas que parecen urgentes o importantes, como tu trabajo, ocupen el lugar de otras que aparentan ser menos prioritarias, como jugar en el parque con tus hijos, que necesitas más de lo que crees si estás buscando el camino hacia una vida más plena, más feliz.

3.2 MEJORA TU FORMA DE TRABAJAR

"Nunca confundas movimiento con acción"

Ernest Hemingway

Un trabajo productivo te liberará y mejorará tu tiempo de ocio

Cuando pongas en marcha el cumplimiento estricto de horarios, te darás cuenta de que debes mejorar la forma en la que trabajas. Como veíamos en el apartado anterior, si estás habituado a invertir más horas de las necesarias, probablemente habrás adquirido una serie de hábitos poco productivos. Por lo tanto, se trata ahora de mejorar y optimizar tu tiempo de trabajo, tienes que ser capaz de realizar en 8 horas o menos, el trabajo que antes te llevaba 10 horas, 12 o incluso más.

Cuando decidí solicitar la reducción de jornada laboral fue para hacerme cargo de mi hija por las tardes, pero también para tener más tiempo para mis proyectos personales. Aunque había dejado atrás la época en la que trabajaba 12 horas, mantenía una jornada cercana a las 10 horas la mayoría de los días. Así que, de repente, y sin haberme preparado mucho, reduje mi jornada de casi 10 horas a 6, estas últimas de obligado cumplimiento: mi pequeña esperaba en casa. Por otra parte, en lugar de reducirse mi carga de trabajo, a las pocas semanas de acogerme a la reducción de jornada, mi jefe se reunió conmigo y me informó de que me habían elegido para tomar la responsabilidad de un nuevo servicio que mi departamento iba a desarrollar. El comienzo fue un caos, dedicaba todos mis días a sacar adelante lo que podía y lo demás pasaba a la lista de tareas pendientes, que se acumulaban semana tras semana. No puedo decir que la situación me superara, porque tenía claro que mi prioridad era y debía seguir siendo cuidar de mi hija y comenzar algunos de los proyectos tantas veces aplazados. Pero sí era una situación que me preocupaba, hasta el punto de que comencé a pensar que podía estar poniendo en riesgo mi puesto de trabajo. Esta dinámica continuó algún tiempo, hasta algún día llegó la conversación que había estado temiendo, y en un diálogo con mi jefe tratando los temas pendientes, finalmente dijo: "Parece que no estás sacando adelante algunas de las tareas que tienes asignadas desde hace bastante tiempo", no fue una acusación directa, pero las implicaciones eran evidentes. Se quedó pensativo y yo también, la verdad. No sabía qué contestar y en mi mente se agolparon pensamientos que hasta entonces había evitado. Fue él quien rompió el silencio: "Bueno, sí, se te están acumulando las tareas, pero no has dejado desatendido ningún asunto importante, la verdad es que no hemos tenido problemas", dejó ahí la conversación y se marchó. Inicialmente el sentimiento fue de alivio. Poco después comenzó a surgir un pensamiento más sólido y más gratificante: estaba haciendo bien mi trabajo. Sí, algunos temas se quedaban sin resolver por mucho tiempo, pero no estaba generando conflictos y el trabajo salía adelante. De modo que estaba cumpliendo con mis nuevas responsabilidades trabajando 4 horas menos de las que acostumbraba.

¿Cómo lo había hecho? Sinceramente, no puedo decir que siguiera ningún tipo de pautas o metodología concretas, sencillamente me apañé. Analizando con cierta perspectiva, me di cuenta de varios pasos que estaba siguiendo paulatinamente para liberar mi tiempo: había reducido el número de cafés, hasta apenas tomar uno o dos a la semana con mis compañeros; dejaba desatendidos todos los correos electrónicos que no afectaban directamente a mi trabajo; concentraba las reuniones de trabajo inevitables y pedía que me informaran de las demás; reducía los trámites burocráticos al mero cumplimiento, sin esforzarme en hacer informes excelentes. En definitiva, había llevado a cabo una optimización de mi trabajo, y los resultados puede que no fueran excelentes, pero sí notables, el nuevo servicio estaba saliendo adelante con éxito, de hecho, fue el servicio de mayor crecimiento aquel año y los posteriores.

De modo que la obligación de cumplir un horario estricto y restrictivo hizo que mejorara mucho mi forma de trabajar. Por primera vez en mi carrera profesional había conseguido conciliar mi trabajo y mi vida personal, lo que demuestra que el mero hecho de asumir un horario lo hace posible. En mi caso lo conseguí por el camino duro, sin ser consciente de lo que en realidad estaba haciendo. Pero puede ser mucho más sencillo, adquiriendo conscientemente una serie de hábitos que mejorarán drásticamente la productividad.

Acción 2: Optimiza tu tiempo de trabajo

Te propongo ahora algunos de estos hábitos, los más sencillos y que más directamente impactarán en tu mejora productiva.

1. **Evita las interrupciones:** nuestra mayor capacidad productiva se alcanza cuando estamos concentrados en la tarea que estamos llevando a cabo, cuando estamos en un estado que en psicología se denomina flow (flujo o fluir). Es ese estado que has conseguido cada vez que estabas realizando una tarea con

concentración, ya sea leer, estudiar, escribir o calcular algo. La única dificultad es que dicho estado se tarda en alcanzar: de 15^{26} a 23^{27} minutos durante los cuales no somos verdaderamente muy productivos. De modo que cada vez que algo te interrumpe, pierdes un mínimo de 15 minutos además del tiempo que dure la interrupción, y si esto ocurre un par de veces o tres en una hora, se habrá arruinado tu capacidad productiva de esa hora. Si esto es una constante en tu jornada laboral, en realidad no habrás producido más de 2 ó 3 horas en todo el día. Simplemente reduciendo las interrupciones a la mitad, serás el doble o incluso el triple de eficiente. En la siguiente lista encontrarás el modo de evitar la mayor parte de las interrupciones de cada día:

- Reserva periodos privados: si en tu trabajo tienes relación directa con otras personas, las interrupciones estarán a la orden del día. Dado que es imposible evitarlas de forma indefinida, establece periodos en los que no se te puede interrumpir. Define un lapso de 2 ó 3 horas todos los días, en los que no admitas ser asaltado. Si la idea te parece irrealizable, imagina que estás en una reunión. Cada vez que te reúnes, nadie te interrumpe con otros temas, entonces, también es posible que no te interrumpan en uno de tus periodos privados, piensa en ellos como reuniones contigo mismo. Normalmente con 2 o 3 horas al día de privacidad, serás capaz de sacar adelante casi todo el trabajo diario que requiere

---

26 Numerosas fuentes confirman este dato: Jacob Nielsen, gurú de la usabilidad, ofrece este dato, como resultado de numerosas pruebas realizadas con usuarios; también es citado por David Allen en su GTD.

27 Parece que la dificultad de la tarea afecta al tiempo que lleva volver a estar concentrado. Según Gloria Mark de la Universidad de California, para un programador informático la media es de 23 min. https://www.fastcompany. com/944128/worker-interrupted-cost-task-switching

concentración. Si tu trabajo es de producción constante (diseñar, programar, escribir...) deberás ampliar los periodos sin interrupción a un 70% u 80% de tu jornada laboral.

- Correo electrónico: en muchos de los trabajos de hoy en día el correo electrónico se ha convertido en una herramienta fundamental de comunicación. Por ello pensamos que hay que estar todo el día pendiente de él. Esto es un error, porque de este modo se convertirá en la principal causa de interrupción de nuestra concentración. Pues bien, no es necesario estar todo el tiempo pendiente de tu bandeja de entrada, es muy raro que nos llegue algo verdaderamente urgente (recuerda "importante" NO es "urgente"). Incluso en ese caso, piensa en las veces que te ha llegado un correo urgente cuando estabas en una reunión o fuera de la oficina, ¿qué ocurrió? Simplemente que lo atendiste a tu regreso. Por urgente que sea, leerlo dos horas más tarde no supone diferencia. Recuerda, las urgencias son excepcionales, el resto de tu correo puede esperar dos horas o incluso días.

  - Define una rutina en la que sólo consultes tu correo electrónico 2 veces al día, una al final de la mañana y otra una hora antes de salir de trabajar. No consultes el correo a primera hora de la mañana o arruinará tu organización de trabajo diario.

  - Dedica esos periodos para contestar los correos más urgentes, y define tareas futuras para los demás.

  - Apaga las alertas y avisos de tu programa de correo electrónico, y ciérralo si estás en un momento productivo del día.

  - Puede que pierdas algunos correos, da igual, si son verdaderamente importantes te lo recordarán o volverán a enviar.

- Mensajería instantánea: WhatsApp, Telegram, Skype, Messenger, Instagram... todas estas herramientas están empezando a ocupar el lugar del correo electrónico. En ocasiones es incluso peor, porque estos son canales de comunicación profesional pero también, personal. Ahora no sólo nos interrumpen correos profesionales, sino también, mensajes del vecino, de los padres del colegio o del grupo de alumnos de la infancia. La solución es la misma que con el correo electrónico. Desactiva TODAS las notificaciones en el teléfono o el ordenador (sólo por esto ya reducirás tu tensión) y emplea un par de momentos al día para atender tu correo y toda la mensajería instantánea.

- Teléfono: cuando estés llevando a cabo tareas que requieren concentración, apágalo, o métalo en un cajón en silencio. Del mismo modo que con el correo electrónico o la mensajería, casi nunca recibes llamadas urgentes, así que olvídate de él.

- Internet: hacer una consulta o buscar algo en internet es, seguramente, la interrupción que más tiempo consume. Es inevitable verse tentado por un enlace a otra fuente o leer una noticia que llama nuestra atención y así sucesivamente. Si tienes alguna duda o consulta que internet puede resolver, apúntala y hazlo más adelante o en otro momento. Establece un periodo de tiempo concreto para navegar por internet, media hora, una hora, pero que sea fijo, no dejes que se extienda más allá. Apunta en una lista todas las consultas pendientes y realízalas todas juntas en ese momento. Utiliza el mismo tipo de disciplina para las redes sociales, Facebook, Twitter o las que utilices para trabajo. No hagas uso de ellas para temas personales en tu trabajo, hazlo en tus periodos de descanso o en tu tiempo libre.

- Ideas sueltas: en los momentos más productivos y de más concentración, es frecuente que, por asociación, nos asalten ideas de temas relacionados con lo que estamos haciendo y puede que sean buenas ideas. Perfecto, no dejes que se pierdan, anótalas en un papel o en un bloc de notas y sigue con lo que estabas haciendo. De este modo no interrumpirás tu trabajo y tendrás una lista con todas las ideas que se hayan ocurrido, que podrás afrontar por bloques temáticos, y planificar tareas futuras para desarrollarlas.

2. **Agrupa tus tareas:** Salvo en el caso de que tu trabajo sea dedicado a una única labor, lo normal es que hayas de llevar a cabo tareas de diferente tipología: llamadas, redactar informes, atender el correo electrónico, reuniones... También en este caso es importante que favorezcas los estados de concentración, si tu quehacer diario es heterogéneo, organízate para agruparlo por bloques: un bloque de tiempo dedicado a realizar una llamada detrás de otra, otro para los correos electrónicos, otro para la redacción de informes y así sucesivamente. De este modo, a pesar de que las tareas que llevas a cabo son discontinuas, necesitarás el mismo tipo de predisposición mental para cada tarea que has de realizar dentro de una agrupación. Trabajarás mejor por la ejecución sucesiva de tareas semejantes y porque evitarás las pérdidas de tiempo que ocasiona el salto de una tarea a otra de forma desordenada.

3. **Gobierna con firmeza las urgencias:** siendo realistas, hay que pensar que por muy organizada que esté nuestra jornada laboral, con frecuencia surgirán incidencias que requieran nuestra atención inmediata, desbarajustando todas nuestras buenas y productivas intenciones. Evidentemente, es normal que des respuesta inmediata a la urgencia, pero además es importante que no pierdas la perspectiva y seas capaz de

valorar el impacto de la urgencia, que será evidente, y también del abandono de tu plan de trabajo. En este segundo caso, no habrá consecuencias inmediatas, pero sí repercutirá a tus compromisos del día o la semana siguiente. Por ello es importante que no pierdas de vista un par de consideraciones:

- La urgencia no hace más importante una tarea: a pesar de la tensión que genera un imprevisto que reclama atención inmediata, trata de ser objetivo respecto a la importancia real frente al resto de tareas en las que estás inmerso. Visto así, quizá es un error retrasar un presupuesto de 100.000 euros de un cliente, para resolver una incidencia muy importante para un cliente con un servicio de 10.000 euros. Satisfacer al segundo afectará a tu buen trabajo para el primero, a corto plazo calmarás las aguas pero, sin duda, es mejor sobrellevar la incomodidad y mejorar las posibilidades de ganar un cliente importante. La clave es saber gestionar la tensión que genera una urgencia no atendida. Hablaremos de las incomodidades más adelante, de momento quédate con que tu trabajo es producir algo, no aliviar incomodidades, si mantienes esta visión, el camino aparecerá con más claridad.

- Es tentador dejarse llevar por las urgencias: a priori todos detestamos las urgencias, pero con mucha frecuencia nos dejamos arrastrar por ellas. Suena paradójico, pero la tentación es grande. Resolver una incidencia urgente suaviza tensiones, produce satisfacción a corto plazo -de hecho, en estos momentos nuestro cerebro segrega dopamina-, genera reconocimiento inmediato y ofrece justificación para procrastinar tareas difíciles o pesadas. Si se tiene en cuenta todo esto, es más fácil entender por qué dejamos que nos gobiernen las urgencias. De hecho, un día en el que se han resuelto varios problemas urgentes deja un muy buen sabor de boca. Esto está muy bien, también es necesario buscar la motivación diaria en nuestro trabajo. Únicamente ten la precaución de que los chutes diarios de urgencias no acaben con tus planes a medio y largo plazo, que sí son los verdaderamente importantes.

4. **Gestiona adecuadamente las interrupciones humanas:** con toda probabilidad, evitar las interrupciones en tu trabajo ocasionadas por compañeros de trabajo, será la dificultad que te supondrá un reto más grande al buscar periodos productivos, creo sería merecedor de un libro en sí mismo. Veamos las más habituales:

   - Es sólo un minuto: la gran frase causante de la mayor parte de las interrupciones entre compañeros. Al fin y al cabo, tenemos a nuestro compañero al lado, así que ¿por qué no le voy a preguntar esa duda tan breve que me permite continuar? Primero, porque en realidad rara vez es sólo un minuto y, segundo, porque si aplicamos la teoría, esa interrupción de un minuto provoca que dos personas abandonen su estado de concentración, lo que se puede traducir media hora de trabajo improductivo hasta que ambos estén de nuevo centrados en su tarea. Es mucho mejor hacer una anotación para una consulta posterior o escribir un correo electrónico, de este modo cada uno podrá seguir con lo suyo. Además, se genera un hábito mucho más productivo de lo que parece. En primer lugar, porque si se anota la consulta quedará registro, con lo que se podrá volver a ella en un futuro o difundirla adecuadamente. En segundo lugar, una petición anotada puede agruparse junto con otras para tratarlas conjuntamente en un momento adecuado. Y en tercer lugar, si la consulta no se resuelve en el momento quedará registrada como una tarea más en la bandeja de entrada correspondiente, pudiendo ser resuelta con la consideración oportuna. Adquiere el hábito de no interrumpir, aunque sea un minuto y sugiere amablemente a tus compañeros que hagan lo mismo.

- Los malgastadores de tiempo: suena un poco feo, pero en todo lugar de trabajo hay personas que o bien tienen poco trabajo y les encanta deambular, o bien gustan de darse importancia buscando largas conversaciones constantes para parecer muy ocupados con muchos temas aparentemente relevantes. Aunque dicha persona sea un buen compañero o amigo evita este tipo de encuentros como la peste. Busca espacios cerrados o busca otras formas de aislarte y acostumbra educadamente a tus compañeros a tu negativa de atender este tipo de conversaciones. En aquellos casos en los que, a pesar de todo, no sea posible evitarlo, pon en práctica el hábito de agrupar tareas y cita a tu interlocutor a la hora del café o de la comida, o incluso cítale para unas cañas al salir de trabajo si es necesario.

Sobre este tema aconsejo el apartado que Tim Ferris dedica en su libro *La semana laboral de 4 horas* ya citado, son recomendaciones drásticas, pero que producen resultados.

5. **Reuniones**: hoy en día cada vez practicamos con más asiduidad la reunión como método para resolver cientos de pequeños y grandes temas de nuestro día a día. Pasamos horas y horas de todas nuestras semanas reunidos. Yo mismo he sido un fanático de las reuniones. Durante mucho tiempo me han parecido la mejor forma de conseguir que todo el mundo esté informado e involucrado, de consensuar todas las decisiones y de solucionar las dificultades entre varios. Todo esto es verdad, pero no es necesario hacerlo todo el tiempo, ni para cualquier cuestión.

Las reuniones consumen tiempo de una forma despiadada. Aprende a seleccionarlas con cuidado, restríngelas a aquellas que verdaderamente compensen la pérdida de tiempo, tuyo y de todos los que han de asistir. Las buenas prácticas, proponen dos hábitos concretos:

- Establecer una duración concreta: deseablemente media hora. Establecer un periodo corto y concreto de tiempo, evita divagaciones innecesarias y fomenta que la reunión sirva a su verdadero propósito: decidir sobre uno o dos temas determinados. El resto del tiempo se suele dedicar a variantes del "ya que estamos reunidos...", pero realmente no necesitan una reunión como tal.

- Evitar las reuniones sin un orden del día claro: si la reunión no tiene un orden del día concreto es porque se convoca para tratar de arrojar luz sobre temas difusos, lo que termina en un montón de tiempo hablando de temas de forma imprecisa y, por ello, rara vez se consiguen aportaciones al asunto que en primera instancia provocó la convocatoria.

Por último, hay un tipo de reuniones que convertimos en inevitables y suelen ser muy largas y de periodicidad semanal o quincenal: las reuniones de seguimiento. Describiéndolas de forma breve, se trata de reuniones en las que una gran cantidad de personas de una misma organización o proyecto van reportando una a una el estado de un motón de tareas, de las cuales únicamente una o dos requieren una decisión conjunta, y en las que, dada su duración, varios asistentes están con su ordenador portátil atendiendo otros temas.

Las metodologías de gestión de equipos de trabajo desaconsejan este tipo de reuniones en todos los casos. La justificación de las reuniones de seguimiento es la toma de decisiones conjunta y, por ende, la cohesión e implicación del grupo. Para que esto sea posible, el repaso de cada apartado ha de hacerlo el responsable del equipo de forma anticipada e individual con cada miembro. Posteriormente, la reunión se convoca únicamente en el caso de que alguna dificultad requiera la resolución conjunta. De este modo, la cita servirá para que el equipo (y no sólo el responsable) proponga alternativas de solución y se elija una en equipo. Asó concebida, la reunión de seguimiento se convocará sólo cuando sea necesario, tendrá una agenda concreta y su duración no excederá la media hora de duración.

Estos cinco hábitos son suficientes para aportar una gigantesca mejora productiva. A priori te puede parecer que mejorarán parcialmente tu desempeño, pero no necesito más argumentos para convencerte, la propia práctica te demostrará en apenas una o dos semanas lo que son capaces de hacer por ti.

Ensáyalos con insistencia. En seguida te darás cuenta de que realmente no necesitas tantas horas para sacar adelante tu trabajo. A medida que lo vayas consiguiendo, haz que ese tiempo sobrante se traduzca en salir antes de la oficina hasta que sólo trabajes 8 horas al día. Con el tiempo, si continúas estas prácticas, podrás empezar a buscar medidas de reducción del tiempo que pasas en tu trabajo, porque puede que tampoco sea necesario trabajar 8 horas al día. Para empezar, consulta el apartado de recursos un poco más adelante en este libro, encontrarás ideas para reducir aún más tu tiempo de trabajo.

Un último apunte: mejorar la forma en la que trabajas, tendrá como resultado inmediato el aumento del tiempo de ocio y te reportará un importante beneficio en la nueva forma en la que te relacionarás con el trabajo. Pero aún hay más: conseguir ser eficaz y eficiente te granjeará la confianza de tus superiores y de tu entorno laboral y la necesitarás para llevar a cabo con mayor facilidad muchas de los cambios que has de incorporar a tu día a día en el camino hacia la conciliación. Cuando llegue el momento de rechazar una tarea que sólo podrías hacer en fin de semana o cuando quieras negociar permisos en tu trabajo, es importante que te hayas ganado el respeto como trabajador. Si cumples con tu cometido de modo diligente, serás importante para la organización y obtendrás el respeto de tu jefe. A su vez, si tienes su respeto y tus peticiones futuras son razonables, rechazarlas no será una opción y tendrá que negociarlas contigo.

3.3 SÉ MÁS EFICAZ

"Nada es particularmente duro
si lo divides en pequeñas tareas"

Henry Ford

"No hay nada tan inútil como hacer eficientemente
aquello que no se debía haber hecho en ningún caso"

Peter Drucker

Ser eficaz es ser capaz de sacar adelante los proyectos que te propones.

Evitar interrupciones y gestionar adecuadamente los tiempos para obtener periodos de máxima productividad es necesario para mejorar nuestra productividad laboral, pero no es suficiente. Además, es necesario que las tareas que hagamos nos permitan avanzar hacia nuestros objetivos, que nos permitan llevar a cabo nuestros proyectos tanto en el ámbito profesional como personal.

Acerca de este asunto se pueden contar por cientos los libros y teorías desarrolladas a lo largo de los años, es un tema que está cobrando un especial auge en las dos últimas décadas. El motivo es que la forma de producir de casi todos nosotros, los que tenemos la suerte de vivir en los países más desarrollados, ha cambiado. Para muchos ya no se trata de ocupar nuestro lugar en algún tipo de cadena productiva, con un puñado concreto de tareas a desarrollar en nuestra jornada. Hoy en día, nuestra labor consiste en llevar a cabo una misión específica y la forma de hacerlo, además de no ser muy concreta, suele estar abierta a continuo debate, con lo que suele ser cosa nuestra la decisión final de cómo hacerlo. Somos cada uno de nosotros los que debemos decidir qué es lo que hacemos en cada momento, basándonos en las prácticas habituales de la empresa en la que nos encontramos, en nuestra experiencia y nuestro criterio más o menos desarrollado para orientar nuestra labor.

De entre todas las propuestas metodológicas centradas en la productividad personal, quizá la que mayor influencia ha ejercido, hasta el punto de convertirse en todo un movimiento, sea la elaborada por David Allen recogida en su libro *Getting things done*[28]. Allen recoge una completa serie de prácticas a llevar a cabo, que cubren la mayoría de los aspectos de nuestra vida que requieren de nuestra participación: desde los objetivos laborales, hasta la organización personal o familiar. El núcleo de su metodología se basa en la forma de organizar todas las tareas pendientes y en cómo manejar toda la información asociada a dichas tareas. La mayoría de los materiales surgidos a partir de su propuesta, así como gran parte de las recomendaciones de sus seguidores, se centran en

---

28 Organízate con eficacia en castellano, pero su título original es al que normalmente se hace referencia, además de que, personalmente, me parece mucho más ilustrativo.

este modelo. Sin embargo, cuando se trata de dotar de sentido a nuestro trabajo y de dar los pasos necesarios para alcanzar nuestros objetivos, la principal contribución de Allen es su propuesta acerca de cómo acometer proyectos de cualquier índole, lo que él denomina "planificación natural".

En todos los ámbitos de nuestra vida definimos propósitos o proyectos que queremos llevar a cabo pero que, a menudo, se quedan en agua de borrajas. Tenemos verdadera intención de llevarlos adelante para alcanzar cotas profesionales en el ámbito laboral o para desarrollar nuestros proyectos de vida en el ámbito personal. Pero a pesar de nuestros deseos, muchas veces la enormidad de la tarea nos intimida y no sabemos muy bien qué hacer ni por dónde empezar. De modo que los terminamos abandonando si podemos y, si no podemos, -que suele ser lo habitual en el trabajo- los vamos sacando a delante de forma tortuosa, abrumados por el esfuerzo mental de enfrentarnos a tamaño desafío.

El motivo es que nos empeñamos en abordar cada proyecto como un todo, nos ponemos enfrente de esa gran mole y tratamos de empujarla o esperamos a ver si se nos ocurre una buena idea de cómo hacerlo. En realidad, es mucho más sencillo que todo eso, el camino consiste en desgranar cada proyecto en proyectos más pequeños que, a su vez, contengan líneas de actuación y acciones, para finalmente dar lugar a una serie de tareas, pequeñas y concretas a llevar a cabo. Y todos somos capaces de abordar una tarea concreta.

Acción 3: Divide tus proyectos en tareas concretas

Un proyecto es sólo el gran nombre de algo que queremos hacer, pero un proyecto en sí mismo no es nada. Un proyecto es una idea, sólo las tareas son algo tangible y una sucesión coherente de tareas es la que hará realidad la gran idea, el proyecto.

La "planificación natural" de Allen es una propuesta sobre cómo reducir un proyecto a una serie de tareas. Así para cada proyecto, debes:

1. **Establecer el propósito y los principios:** es decir, preguntarte por qué quieres hacer algo y si hay límites éticos, morales o de otro tipo que condicionen la forma de hacerlo. Sobre todo, pregúntate por qué quieres hacer algo. No lo olvides porque será tu faro y el que definirá tu *criterio* para optar por unas cosas u otras.

2. **Visualizar los resultados:** imaginar cómo deben ser las cosas cuando lleves a cabo el proyecto. Fíjalo porque ese es tu *objetivo*, alcanzar esa visión.

3. **Hacer una lluvia de ideas:** es decir, dejarte llevar pensado en todas las cosas que se te ocurren para alcanzar tu resultado deseado.

4. **Organizar:** encontrar las pautas comunes entre todas las ideas que te han surgido. De la organización resultante surgirán sub-proyectos, líneas de actuación y otros aspectos a tener en cuenta.

5. **Definir acciones:** establecer las acciones concretas a llevar a cabo la sucesión de tareas a realizar.

Este es sólo un resumen, si quieres profundizar en esta forma de planificación, encontrarás una descripción más detallada del proceso en el libro de Allen. Pero, en definitiva, es sólo una propuesta para lo más importante: que cada cometido sea reducido a las tareas que lo harán posible, puedes hacerlo de este modo o de cualquier otro, pero busca siempre la siguiente tarea a llevar a cabo, luego la siguiente y así sucesivamente.

Al llevar esta metodología a la práctica es frecuente que la ejecución presente dificultades para seguir adelante. Puede ocurrir que una iniciativa se quede estancada y que, semana tras semana, no haya avances. Lo más probable es que se deba a que no has definido con claridad la siguiente acción, en este caso deberás ir hacia arriba o hacia abajo en tu proceso de planificación del proyecto:

▶ Si tienes problemas para afrontar tu última acción establecida, será porque tienes que bajar en el proceso y desgranar dicha acción en tareas más pequeñas y más concretas.

▶ En cambio, si lo que tienes son dificultades para decidir la siguiente acción, será porque necesitas subir en el proceso y revisar el porqué del proyecto y la visión de los resultados prevista.

En el apartado anterior, veíamos cómo sacar el máximo partido de tu tiempo productivo pero, para ser verdaderamente eficaz, deberás tener claros los objetivos de tu trabajo y centrarte en las acciones que lo hagan posible, dejando lo demás en un segundo plano. Así, de entre toda la lista de tareas pendientes debes dar prioridad a las que sacarán tus proyectos adelante. El resto son cometidos que surgirán en tu día a día, pero que en la mayoría de los casos no tendrán más repercusión que solventar una situación pasajera, que por muy importante que parezcan en un momento dado, no supondrán avances en tu verdadera misión.

O, dicho de otro modo: si consigues ser productivo en las tareas que tienen repercusión en tu trabajo a medio y largo plazo, serás plenamente eficaz, es decir, habrás optimizado tu tiempo para avanzar en aquello por lo que en realidad se te paga. Si haces esto bien, no encontrarás objeciones para salir a tu hora.

3.4 DESCONECTA EL TRABAJO

*"Lo que cuenta no son las horas que pones en tu trabajo.
Sino el trabajo que pones en las horas"*

Sam Ewing

*"El trabajo se expande para llenar el tiempo disponible
para completarlo"*

C. Northcote Parkinson

*En el mundo de la comunicación constante y ubicua, se hace
necesario saber incomunicarse.*

Un trabajo realizado dentro de un horario laboral moderado es el
punto de partida adecuado para acercarte a un modo de vida mucho
más satisfactorio para ti y para los que te rodean. Si llevas a cabo
los hábitos que te he propuesto hasta ahora, estarás muy cerca de
alcanzar ese estado. En este punto, y particularmente si tu trabajo
es muy absorbente y ha ocupado un lugar predominante en tu vida,
el siguiente paso será evitar la tentación de llevarse el trabajo a casa.

El cambio en la forma de trabajar en el siglo XXI, al que hacíamos
alusión en el apartado anterior, puede favorecer que, a pesar de haber
terminado nuestra jornada laboral, continuemos dando vueltas en
nuestra cabeza a los problemas por resolver y los retos por abordar.
Si a ello sumamos las nuevas posibilidades de comunicación, es fácil
dejarse arrastrar a otra forma de prolongación del horario de trabajo.
Aquella en la que seguimos pensando en aspectos laborales en lugar
de atender a los juegos de nuestros hijos, en la que nos puede la

tentación de mirar el correo electrónico, de anotar la agenda del día siguiente o de realizar esa llamada telefónica que se nos olvidó esta mañana. Es otra forma de prolongación de la jornada, poco intrusiva en apariencia, pero en la práctica nos convierte en trabajadores las 24 horas del día y ésta es una tentación poco recomendable.

Los nuevos cauces de trabajo y comunicación desde cualquier parte pueden ser, tal y como proponen sus impulsores, una opción maravillosa que dé mucha más libertad a tu vida. Pero también puede ser el yugo que te ancle a tu trabajo en tu tiempo libre y en tus vacaciones. Estas herramientas no te liberan de tu trabajo, de hecho, sólo suponen una ayuda si YA ERES una persona liberada. De igual modo que una puro en una boda sólo es un momento placentero para el que ya ha dejado de fumar. Para el que aún está dejando de fumar, es un motivo para ser atrapado por el tabaco de nuevo.

Acción 4: Evita estar siempre disponible

Si estás en proceso de conciliar tu vida laboral y personal, también tendrás que aprender a desconectar del trabajo cuando te encuentras fuera de él. Deberás hacerlo completamente: apaga el teléfono, desconecta tu ordenador y aleja de tu mente los temas profesionales. Hazlo siempre, todos los días, sin excepciones. Tienes que ser estricto en ello, si no, caerás nuevamente en la tentación. El entorno laboral de hoy en día está lleno de ejemplos de personas que se despiertan en mitad de la noche angustiadas por algo que han olvidado hacer, de insomnes que se conectan al correo electrónico y de gente contestando llamadas desde la playa durante las vacaciones. No estropees el potencial de una vida equilibrada, dejando que esto te ocurra a ti. Desconéctate del trabajo física y mentalmente.

Libera tu vida privada de intrusiones laborales. Estos son los primeros hábitos que has de adoptar:

- **Nunca te vayas a dormir ni te despiertes pensado en el trabajo.** Si tienes dificultades para ello, adquiere hábitos que lo hagan posible. La cama es el lugar para descansar y estar relajado, no para tratar de solucionar problemas. De hecho, en la cama no puedes hacer arreglar nada, sólo dar vueltas a los problemas, con lo que te preocuparás más. Lee un rato antes de dormir, o si no puedes dormir, levántate y haz algo que te distraiga. Al despertar escucha música o la radio, desayuna con tus hijos o en un bar leyendo el periódico, lo que sea que te ayude a no pensar en tu trabajo.

- **Crea periodos de desconexión entre tu trabajo y el resto de tu actividad diaria.** Es normal que después de un día de trabajo intenso no puedas desconectar inmediatamente. Permítete un rato para relajarte y evadirte. Pasea al salir de la oficina o tómate algo en un bar donde tengas con quien charlar. Haz algo de deporte o prepara un bizcocho de chocolate. Busca algo que no te suponga un esfuerzo ni una obligación. Se trata de desacelerar, no de estresarte nuevamente pensando en lo que tienes que hacer ahora, ha de ser algo placentero y agradable, que te haga disfrutar por el mero hecho de estar haciéndolo, sin más pretensiones.

- **Apaga el teléfono.** Si tienes móvil de empresa apágalo. Parece fácil, pero muy poca gente lo hace y rara vez hay motivos para ello. No merece la pena tener el móvil de empresa encendido todos los días por si ocurre una emergencia que no se producirá más que una o dos veces al año. La práctica me ha demostrado que, si hay algo importante que resolver, llamarte no será nunca el último recurso, será el primero. En cambio, si no estás localizable, tus compañeros sabrán apañárselas.

Cuando comencé con la reducción de jornada, al principio dejé el móvil encendido como muestra de consideración a los compañeros que seguían trabajando por la tarde. Inicialmente las llamadas eran sólo en caso de necesidad, pero pronto en mi entorno se acostumbraron a que estuviera disponible y en unas semanas recibía tantas llamadas como si estuviera trabajando. Así continué varios meses, hasta que un día casi a las 10 de la noche recibí una llamada de mi jefe. Contesté deprisa pensado que sería una urgencia y resultó ser una pregunta para resolver una duda intrascendente. En aquel momento decidí apagar el móvil al salir de trabajar y durante los tres años que continué en la empresa jamás supuso ningún problema. Al principio mis jefes y compañeros me hacían notar que no me localizaban. Les dije que al salir de trabajar apagaba el móvil y que no contestaría. Dejaron de llamarme, incluso ante emergencias importantes. Supieron solucionarlas ellos solos y me enviaban la información para que retomara el asunto cuando volviera al día siguiente.

Algunos compañeros me dijeron que le parecía muy bien lo que estaba haciendo y yo les invitaba a que hicieran lo mismo. Siempre recibía la misma respuesta: que ellos no podían apagar el móvil y dejar de contestar a las llamadas del jefe a las 10 de la noche. *¿Por qué no?* preguntaba yo y ninguno de todos ellos me dio un argumento razonable más allá de: "Es que está acostumbrado a poder llamarme". Si yo rompí ese hábito, ellos también podían, al fin y al cabo teníamos al mismo jefe. Era su propia incomodidad lo que les impedía apagar el teléfono, no las demandas de nuestro superior.

▶ **Evita el correo electrónico.** Hasta hace poco tiempo esto era fácil, bastaba con no encender el ordenador de casa. Hoy en día con los *smartphones* que hacen posible consultar el correo en todo momento, se ha generado también un hábito de disponibilidad 24 horas. Apaga el teléfono, deshabilita la conexión de datos o establece un horario de reposo. Muchos de los servicios de correo electrónico permiten programar un horario de recepción de correo.

En cierto modo, el correo en el móvil es más tentador que el teléfono, porque en el correo tenemos la lista de temas abiertos o temas pendientes y podemos dejarnos arrastrar por la intención de "revisar" cómo van las cosas o qué nos encontraremos al llegar a la oficina. Sin embargo, rara vez nos tranquilizará o nos dará sensación de control, al contrario, lo normal es que aparezca un nuevo motivo de preocupación.

Desconéctate del correo.

Todos estos pasos te costarán un poco al principio, y aunque lo desees, tu miedo a no estar disponible y tu incomodidad serán los principales obstáculos, nada más. Trata de no pensar en todas esas cosas horribles que podrían pasar si no estás conectado porque, de hecho, casi nunca ocurren. Pruébalo, desconecta el teléfono y el correo al salir de trabajar y date un paseo. Si la tentación es fuerte al principio, apaga el teléfono y déjalo en la oficina o en el coche, donde no lo tengas a mano. Los primeros días te resultará extraño y sentirás una ansiedad constante hacia lo que podría estar ocurriendo o hacia la información que estás perdiendo. Relájate y disfruta, en unos días te darás cuenta de que no pasa nada, de hecho, verás que te puedes relajar porque no hay motivo para lo contrario. Todo lo ocurrido durante tu desconexión puede ser abordado el día siguiente y toda la información que no has recibido también estará allí esperándote, no se habrá marchado a ninguna parte, estará en tu correo pendiente o en tu buzón de voz.

Al cabo de algún tiempo, es posible que surja una urgencia cuando tú ya estés desconectado. Por este motivo es probable que al día siguiente recibas achaques de tus jefes o compañeros. No flaquees, el enfado será por todo el tiempo que habrán pasado intentando localizarte y no tratando de solucionar el problema. Si ellos no son capaces de desconectar del trabajo y prefieren estar conectados, es su elección, respetable, pero que no tienes por qué compartir. Si ha surgido un problema, tu desconexión sólo habrá forzado a que lo resuelvan ellos solos, o a que la solución se posponga a tu regreso. Ambas eran opciones desde el principio, su enfado es sólo porque tú no optas por la misma vida que ellos y eso no tiene nada de malo. En cualquier caso, esto sólo será una dificultad al principio, una vez que tus compañeros o jefes sean conscientes de que NO estás disponibles después de tu jornada, sabrán arreglárselas muy bien siempre que sea necesario, te lo garantizo.

Como alternativa y para tu tranquilidad, si tienes un verdadero amigo en el trabajo, uno que te comprende y respeta, dale tu número personal para las situaciones más dramáticas. Aplícalo sólo si tienes esa persona en cuyo criterio confías. En cualquier caso, como te decía, esto sólo será para tu tranquilidad al principio, porque la realidad te demostrará que, si es el tipo de persona adecuada, no te llamarán jamás. Cuando comencé a practicar la desconexión, varias personas tenían mi número personal y jamás recibí ese tipo de llamada.

3.5 RELÁJATE MENTALMENTE

"Ningún gran trabajo ha sido producido, excepto después de un intervalo de calma y profunda meditación."

Walter Bagehot

Relajarse mentalmente y alejar el trabajo en el tiempo de ocio, proporciona más descanso que el simple reposo.

La mayoría de las personas activas y con inquietudes tenemos tendencia a dar muchas vueltas a todo. De forma general es una práctica muy saludable porque será el caldo de cultivo de la búsqueda constante, de la creatividad y de los cambios que llevan a una vida mejor. Si das demasiadas vueltas a la cabeza, la única precaución necesaria, es saber tomarse periodos de desconexión mental y, no sólo en vacaciones, sino todos los días.

En el caso del trabajo, si eres una persona inquieta y sensible, es posible que, a pesar de respetar los horarios y de desconectar la comunicación con el trabajo, tu cabeza en ocasiones te traicione. Por ello, es necesario que adquieras hábitos para relajarte mentalmente. Lo recomiendo en todos los casos, tanto si respetas tus horarios, como si tus jornadas laborales son aún interminables.

Particularmente, te puedo decir que un beneficio totalmente inesperado de mi reducción de jornada fue la reducción de estrés mental. Incluso respetando los horarios, en una jornada laboral normal de 9 a 7 aproximadamente, es difícil reducir las tensiones acumuladas en un día saturado de trabajo. Del mismo modo que nuestro organismo necesita tiempo para librase de los excesos de una gran comida, nuestra mente necesita tiempo para liberarse de un atracón de actividad. Muchos de los trabajos de hoy en día, conllevan este tipo de atracón casi diariamente. A mí me pasaba sin ser consciente de ello, llegaba exhausto a los viernes y no era tanto por cansancio físico como por cansancio mental. Si mi cabeza hubiera sido un vaso, los lunes estaba vacío y cada día de trabajo se llenaba hasta la mitad de estrés y ansiedad. El problema era que, desde que salía de trabajar hasta que me incorporaba al día siguiente, el vaso no se había vaciado por completo, de modo que hacia el final de la semana estaba desbordado. Pero de todo ello no fui en realidad consciente hasta que mi jornada laboral se redujo y, entonces fue cuando realmente me di cuenta de que mis tardes liberadas hacían posible que mi vaso estuviera vacío de nuevo cada día.

Del mismo modo que uno no es consciente de su mala forma física hasta que practica deporte, yo no fui consciente de mi saturación mental hasta que mi cabeza estuvo saneada de nuevo. Me encontré con que cada mañana necesitaba un ligero repaso para ponerme al día de mi trabajo, algo que antes sólo sucedía después de vacaciones o de un fin de semana largo.

Por lo tanto, a veces dejar de pensar en el trabajo no es suficiente. Es necesario, además, que nuestro cerebro tenga tiempo para tomar aire.

Acción 5: Haz que descanse tu mente

En realidad, si no has llegado al punto de sufrir algún episodio de ansiedad, angustia o depresión, es porque ya haces esto bastante bien. De algún modo, más o menos consciente, has encontrado en tu vida la forma de oxigenar tu cerebro. Por otro lado, al igual que con el cuerpo, además de evitar las enfermedades, se trata de estar saludable y, para ello, es necesario hacer ejercicio.

▸ **Baja el listón: nada es tan grave.** Como suele decirse, grave es una operación a corazón abierto, el resto no lo es tanto. Con frecuencia, si estamos tan cansados, es porque mentalmente levantamos pesos muy pesados todos los días. En el mundo físico, es la gravedad de la tierra la que hace que cada cosa tenga un peso determinado. En nuestra mente, nosotros mismos creamos la gravedad que da peso a las ideas o problemas.

Empieza por relajarte en el trabajo, no todo es urgentísimo, ni gravísimo, sólo algunas cosas lo son. Siempre que algo te asalte y te parezca tremendo, no trates de resolverlo al instante, corriendo de un lado para otro. Trata primero de obtener cierta objetividad, anótalo en tu lista de cosas pendientes y compáralo. Sí, parece un problema gordo, pero

¿tiene repercusión a largo plazo? ¿Es más importante que otras cosas que tienes pendientes? ¿Qué es realmente lo que debieras estar resolviendo? Si te cuesta un poco relativizarlo, consúltalo con otros compañeros de más experiencia y que no se vean directamente afectados por las mismas dificultades, te ayudarán con la objetividad.

Y lo que es más importante: trata de mantener esa objetividad con respecto al resto de tu vida. Sí, el trabajo tiene sus tensiones, pero hay un momento para resolverlas, y no es fuera de tu jornada laboral. Ya hemos hablado de la relevancia relativa del trabajo, ahora el ejercicio concreto que te propongo es que te relajes. Da igual lo estresante que haya resultado tu día mientras trabajabas, una vez que sales, apárcalo. Casi nada es tan grave como para que no pueda esperar al día siguiente. Sé consciente de ello y te resultará más fácil dejarlo en pausa, apárcalo en tu cabeza. Las cosas se ven más claramente con la cabeza fría y, para ello, tienes que dejar que se enfríe, y esto se consigue alejándote del fuego.

▼ **Evita las quejas.** Otro aspecto que suele dificultar la relajación mental no tiene tanto que ver con el trabajo propiamente dicho como con sus circunstancias: que si cobramos de menos, que si trabajamos de más, que si hago lo que no me corresponde... Invertimos un motón de energías en quejarnos de cosas que no nos agradan y sólo conseguimos aumentar los pensamientos negativos y desmotivarnos a nosotros mismos. Es decir, nos convertimos en el foco de nuestro pesimismo y, por alguna extraña razón, parece que disfrutamos regodeándonos en nuestras desgracias. Debido a ello, insistimos en contar y pensar una y otra vez lo aciago de nuestra suerte o nuestras circunstancias.

Es necesario, por lo tanto, ser capaz de salir de ese círculo vicioso. Evita repetirlo, no caigas en la tentación de regodearte. Sí, es posible que cobres de menos, pero por pensarlo constantemente no consigues nada. Reconoce las cosas por lo que son, plantearte que debieran ser de otro modo sólo ha de ser un objetivo para tus acciones, no una queja desde la pasividad. Es mucho más positivo pensar en lo que puedes hacer para cambiar tus circunstancias y aceptar tal como es lo que no puedes cambiar. Si emprendes ese camino, además de ser más constructivo, conseguirás dejar de dar vueltas innecesarias a pensamientos negativos, será más fácil desconectar.

Sobre este tema, encontrarás planteamientos interesantes en los libros *Un mundo sin quejas* de Will Bowen y *La buena suerte* de Alex Rovira. En el primero encontrarás un hábito muy sencillo para evitar pensamientos negativos repetitivos y, en el segundo, propuestas de acciones positivas para cambiar circunstancias adversas.

▼ **Practica descargas emocionales.** Todo aquello que nos causa disgusto o rabia se va acumulando paulatinamente en nuestro interior. Lo normal es que, en nuestro entorno laboral, mantengamos la compostura y no dejemos que nuestras emociones salgan. Este hábito suele ocasionar vayamos acumulando tensiones que nos terminarán por afectar más de la cuenta y explotarán en el lugar menos adecuado, aquel donde sí tenemos la suficiente intimidad: en nuestra vida privada.

Un buen hábito es realizar descargas emocionales con regularidad. Para ello apunta todo aquello que te molesta o te hace rabiar, haz una lista y díselo de forma ordenada y exhaustiva a quien corresponda, a tu jefe, a alguien de un departamento concreto o a tu cliente. Es importante que hagas una lista para que no se te quede nada en el tintero. En muchos casos no obtendrás resultados prácticos, pero habrás descargado toda tu tensión acumulada sobre un tema concreto, es de lo que se trata. Una vez verbalizado, te sentirás mucho mejor, mucho más relajado y, probablemente, unos cuantos de esos pensamientos que te acuciaban no volverán a pasar por tu cabeza.

En algunos casos puede ocurrir que, en el momento de la descarga emocional, tengas tanta tensión acumulada, que salga en forma de reproches, acusaciones e incluso gritos o lloros. Desde luego no es deseable llegar a esta situación, pero es mucho mejor que suceda a seguir acumulando emociones por intentar evitarla. En mis épocas más tensas de trabajo, a menudo tenía descargas de este tipo, en las que incluso llegaba a soltar tacos e improperios a mi interlocutor, algo que desde luego siempre había evitado pero que, llegado un cierto punto, se produjo con cierta frecuencia. Repito que no es lo deseable, pero el resultado fue que, en lugar de tener las consecuencias que yo había esperado, es decir, que mi entorno laboral fuera cada vez más hostil, ocurrió justo lo contrario: cada vez que alguna persona o departamento era, objeto de mi tensión desatada, a partir de ese momento me respetaba más y mi situación mejoró en muchos casos.

En cualquier caso, las descargas emocionales regulares evitan llegar a estos extremos y desde aquella época comencé a practicarlas con regularidad. Puedo asegurar que de este modo se va uno mucho más tranquilo a casa, que es tu objetivo.

De hecho, me resultó tan revelador todo aquello, que comencé a facilitar las descargas emocionales de las personas de mi entorno laboral cercano, sobre todo en aquellas que veía que iban acumulando tensión y agobios. Así, todas las semanas buscaba un momento para acercarme a alguna persona concreta y, con empatía, intentaba que fuera tratando todas las preocupaciones y sinsabores de diferentes ámbitos. Desde luego no era parte de mi cometido, pero conseguí que el ambiente de trabajo, al menos en nuestro equipo, fuera más distendido y las cosas se tomaran con mejor humor.

Despista a tu cerebro. Hemos hablado de ello en las prácticas referentes a los horarios. En tu tiempo libre es importante que busques al menos una actividad que requiera esfuerzo y concentración mental. Con mucha frecuencia sólo buscamos actividades de ocio que requieran poca actividad mental. Es una buena práctica, pero para sanear tu mente y relajarla, busca también alguna actividad que disfrutes y te genere estrés positivo. El estrés positivo es aquel que promueve la actividad, la iniciativa, en definitiva, aquel que, por contraste, oxigenará tu cerebro, a la vez que lo fortalecerá en el tipo de actividad mental positiva que te ayudará para afrontar los momentos más difíciles.

Habitualmente, nuestra mente sólo se distrae de forma efectiva con preocupaciones verdaderamente graves fuera de trabajo: la salud de un ser querido, un conflicto matrimonial o problemas con nuestros hijos. Pero no se trata de buscar problemas, mejor busca actividades que requieran implicación y emociones intensas en un sentido saludable.

▼ **Escoge vacaciones que te relajen mentalmente.** Debido al agotamiento con el que llegamos a las vacaciones, sólo pensamos en vacaciones en las que no hacer nada. Esto está muy bien por unos días. En general, una semana es suficiente para que el cuerpo descanse y nuestra mente reduzca la actividad. Una vez pasados esos días, las mejores vacaciones son las que te sacan por completo de la cotidianeidad. Alejándote de tu entorno habitual y tu rutina diaria te distraerás de forma efectiva. Si sólo extraes de tu día a día el trabajo, y te trasladas a un apartamento en la playa, no estarás rompiendo tu rutina mental. Si te levantas como todos los días (aunque sea más tarde), vistes a tus hijos como todos los días y compras el pan como siempre, no te estarás dando la oportunidad de romper con los lazos de tu vida cotidiana.

Si alguna vez has realizado un viaje exótico o has pasado unas vacaciones en un campo de trabajo, ya conoces el grado de desconexión del que estoy hablando: desconectar de verdad. Si no lo has hecho, deberías probarlo lo antes posible, en tus próximas vacaciones. Tu economía puede ser un condicionante pero no un límite, si no puedes permitirte un viaje a la selva tailandesa, busca un trabajo como voluntario o planea una acampada en lugar recóndito de la provincia de al lado o recorre a pie el Camino de Santiago. Se trata de que cada día sea diferente a lo que normalmente vives, que conseguir pan sea un pequeño reto, que tengas que esperar a que amaine la lluvia debajo de unos árboles o que las estrellas sean tu único techo. Porque es sólo en esos casos cuando las vacaciones son algo más que un mero descanso, son un conjunto de experiencias intensas, luminosas, que renuevan las ganas de vivir, de buscar nuevos caminos, de renovar tu ilusión para alcanzar tus sueños.

Del mismo modo que debemos reducir el colesterol *malo* pero mantener la ingesta de *bueno*, debes atenuar los efectos de la ansiedad y el estrés negativo, pero mantener y, por qué no aumentar, la tensión y el impulso que hace que tu mente esté fresca despierta, activa, creativa y optimista.

3.6 TELETRABAJAR

"Nunca tendrás tiempo para todo. Si quieres tiempo, debes buscarlo tú"

Charles Buxton

Trabajar desde casa reduce el tiempo que empleamos en los desplazamientos, nos hace más productivos y facilita la integración en la vida familiar.

El teletrabajo ha venido para quedarse. Cada vez es más frecuente que las empresas ofrezcan y promuevan el teletrabajo para sus empleados. También sucede al revés, los candidatos cada vez demandan con mayor frecuencia puestos en los que se pueda trabajar desde casa. En mi opinión la posibilidad de teletrabajar, más que un fin en sí mismo, es una herramienta adicional para conciliar mejor, porque hace posible conseguir una flexibilidad para integrar tu vida personal y profesional difícil de conseguir de otro modo.

Acción 6: Combina tu trabajo en casa para conciliar mejor tus horarios.

Al considerar el teletrabajo todos advertimos enseguida un buen puñado de beneficios que podemos obtener. En primer lugar, se hacen evidentes los beneficios de no tener que desplazarnos a nuestro lugar de trabajo: ahorramos tiempo, ganamos hasta dos horas al día según el caso y ahorramos el dinero de los gastos del desplazamiento -mejor para nosotros y mejor para el planeta-. En segundo lugar, si estamos en casa estamos cerca del ecosistema familiar: el colegio, el centro de salud, nuestro supermercado... los desplazamientos para cada quehacer diario se facilitan enormemente. Y, en tercer lugar, la disponibilidad para atender el hogar mientras trabajamos, tanto para vigilar menores con cierta autonomía como para recibir a un técnico que viene a reparar algún percance.

Por otra parte, cuando empezamos a trabajar desde casa vamos descubriendo otra serie de beneficios que no eran tan evidentes en primera instancia. Por un lado, mejora nuestra productividad, es mucho más sencillo estar tranquilo, evitar interrupciones de todo tipo y vernos afectados por condicionantes exteriores. Las primeras jornadas trabajando en casa te proporcionan un tranquilidad y libertad que pueden ocasionar cierta relajación y dispersión. Pero, si realmente tienes mucho trabajo que realizar, enseguida te podrás sumergir en tus tareas, acometiendo una tras otra sin interrupción. En mi caso, después de un tiempo disfrutando de la posibilidad de teletrabajar, comencé a quedarme en casa los días que tenía mayor acumulación de trabajo. El ahorro de tiempo es una ventaja, pero lo que más notaba es la mejoría en mi productividad siendo capaz de realizar mucho más trabajo cuando me apretaban los plazos.

Otra ventaja que es evidente, pero de la que nos cuesta sacar provecho es que teletrabajar se puede hacer desde casa o desde cualquier otra parte del mundo. Como veremos un poco más adelante, creo que la mejor forma de teletrabajar es intercalando días en remoto con días en la oficina. Sin embargo, para periodos cortos, desde unos días a un mes, la posibilidad de trabajar desde cualquier lugar con buena conexión hace posible que podamos viajar más, prolongar periodos estivales o compartir más tiempo con la familia que vive lejos de nosotros. Una vez que tus hijos tengan cierta autonomía es mucho más fácil ir al lugar de veraneo familiar y pasar allí unos días e incluso unas semanas, trabajando en remoto. Los niños amplían sus vacaciones y tú puedes compartir más tiempo con tu familia o tus amigos más alejados. Cierto don de la ubiquidad se agradece en muchos momentos de la vida, sin ir más lejos, escribo estas líneas desde un hospital donde está ingresado un familiar muy querido que vive lejos de mi hogar.

Por último, reseñar el beneficio que, en mi opinión, justifica el teletrabajo en su totalidad: las facilidades que ofrece trabajar en remoto reducen el estrés personal[29]. En la introducción del libro ofrezco datos de la cantidad de estrés relacionado con el trabajo hoy en día y los perjuicios para la salud del mismo, cualquier acción que atenúe este estrés debe ser considerada tanto individualmente como en sociedad.

Sin embargo, teletrabajar también conlleva una serie de rémoras para tu trabajo y para tu vida privada que has de tener en cuenta para, en la medida de lo posible, evitarlas o al menos minimizarlas.

En el ámbito estrictamente profesional, el trabajo desde casa viene acompañado de cierto grado de aislamiento que tiene una serie de consecuencias. En primer lugar, es difícil nutrirse de la experiencia de los demás, teletrabajar requiere tener un grado alto de experiencia en la labor a desarrollar porque la formación que se obtiene siendo parte de un equipo de trabajo es muy reducida en estas circunstancias. En este mismo sentido, trabajando en remoto sólo se agendan reuniones de trabajo, no hay apenas lugar para la distendida charla tomando un café o a la hora de la comida, de esta forma las dinámicas de equipo son escasas, apenas hay sensación de pertenencia a un grupo y es difícil participar y hacer partícipe de la cultura de empresa. En segundo lugar, las herramientas de

---

29 "Work-Nonwork Conflict and Job Stress among Virtual Workers" August 2004. Human Resource Management 43(2-3): 259 – 277. Sumita Raghuram Batia M. Wiesenfeld https://www.researchgate.net/publication/229563599_Work-Nonwork_Conflict_and_Job_Stress_among_Virtual_Workers

colaboración ofrecen muchas facilidades para la organización de los equipos de trabajo, pero ésta siempre es menos flexible y algo menos eficaz para proyectos en remoto.

Un tercer grupo de rémoras tienen que ver con la propia gestión de la tarea personal. Tanto la flexibilidad de horarios como la ausencia de desplazamientos provoca que acabemos trabajando horas de más: las 8 horas habituales sumado al tiempo de desplazamientos y otros momentos que acabamos buscando antes o después de nuestra jornada para resolver esos flecos que se nos han quedado a medias. Todo ello termina por sumar 9 o 10 horas de trabajo con facilidad que, al estar en casa, no afectan apenas a nuestra vida familiar. Añadamos a esto que los descansos suelen ser menos y más cortos, si te levantas a coger un café, lo recoges y te sientas de nuevo para tomarte el café en tu sitio. Francamente, una jornada de trabajo en casa puede ser verdaderamente larga e intensa.

Por último, el trabajo suele devenir en lo que se ha llamado el "síndrome del pijama" como no salimos de casa, nos levantamos de la cama cogemos un café y, todavía en pijama y sin asearnos, nos sentamos delante del ordenador. Luego llega la comida, que solemos hacer apresuradamente, y la cosa sigue igual, en pijama y sin peinar. Incluso aunque por la tarde vayamos a recoger a los niños al colegio o tengamos que hacer la compra, lo haremos con un chándal y unas zapatillas para invertir el menor tiempo posible. Sólo en el caso de tener que salir a una reunión o de tenerla por videoconferencia nos tomamos la molestia de estar presentables. En definitiva, nos descuidamos, comemos peor, nos relacionamos menos, mantenemos la higiene básica, somos mucho más sedentarios y hacemos caso omiso de las medidas básicas de prevención de riesgos laborales: acondicionamiento del puesto de trabajo, medios adecuados, descansos...

Como ves no es oro todo lo que reluce. Teletrabajar puede suponer un gran salto adelante en tu búsqueda de la conciliación, pero debes aprender a hacerlo adecuadamente. Tus rutinas cambiarán y tus hábitos deberán hacerlo también. A continuación, te propongo una serie de recomendaciones:

▶ **Compagina el trabajo en casa con el trabajo en la oficina**: busca los días de la semana que mejor te vengan o acuerda esos días con el resto de tu equipo de trabajo para coincidir en la oficina. Tómate un café con tus compañeros y come con ellos. De esta forma mejorarás las dinámicas de grupo, te relacionarás con gente y evitarás el aislamiento. Así reducirás al mínimo algunos de los peligros que hemos comentado. Tres días en casa y dos en la oficina puede ser suficiente.

En el caso de que llegues a una solución así, aprovecha también la flexibilidad de que dispones. Por ejemplo, puedes empezar a trabajar desde casa para evitar la hora punta en el desplazamiento, tener reuniones, comer con tus compañeros y luego volver a casa a la hora que te encaje mejor. En este modelo también son válidas las jornadas mixtas algunos días.

▶ **Establece horarios estrictos:** volvemos a la primera de nuestras acciones. Respetar los horarios puede resultar difícil también en casa, define una hora para empezar, la hora de descanso, la hora de comida y la hora de finalización y trata de ser igual de estricto de cómo lo eres en la oficina. Seguramente vas a ser más productivo en casa que en la oficina, no es necesario alargar la jornada. Establece límites y sé fiel a ellos.

▶ **Crea un buen lugar de trabajo en casa**: por economía, falta de espacio o simple vagancia, es frecuente que en casa trabajes en cualquier esquina: la mesa de la cocina, el salón o, incluso, en el escritorio de tus hijos. Aunque tengas limitaciones de espacio en casa busca y acondiciona un rincón para trabajar adecuadamente, una mesa, una silla y una pantalla adecuadas. Tener ese espacio concreto para trabajar ayudará a aislar los tiempos de trabajo y te permitirá cumplir las políticas de riesgos laborales para evitar problemas de salud relacionados con el puesto de trabajo.

▼ **Establece hábitos de organización diaria:** esto implica a todos los órdenes afectados por el "síndrome del pijama" adquiere la costumbre de asearte y vestirte como si fueras a salir de casa. Para las comidas busca el tiempo para cocinar una dieta saludable y equilibrada, y luego come en la cocina o el comedor dándote tiempo de saborear la comida sin caer en la tentación de sentarte delante de la tele o el ordenador. Muévete, tanto para hacer deporte como para cualquier otra tarea. La mejor manera de combatir el sedentarismo de trabajar en casa es forzar el movimiento en el resto de las tareas, ir andando a la compra, subir por las escaleras, levantarte del puesto de trabajo varias veces al día, etc.

▼ **Planifica una escapadita siempre que puedas:** al trabajar en remoto tienes la flexibilidad de trabajar desde cualquier parte. En mi experiencia, es muy buen práctica hacer escapadas de 3 o 4 días siempre que la organización familiar lo permita. La escapada puede ser a cualquier lado, la casa de un familiar, un camping en la costa o un refugio de montaña (con cobertura). En estas escapadas trabaja los días laborales con normalidad, pero el simple hecho de salir de casa y cambiar de entorno y de actividad evitará que caigas en la monotonía que puede acarrear trabajar en tu misma casa. Estas escapadas te sacarán de la rutina, te harán estar más positivo y suponen una buena inyección de energía.

Muchas empresas desconfían aún del trabajo remoto y en algunos puestos es imposible llevarlo a cabo. Afortunadamente teletrabajar se va extendiendo como una alternativa para muchos de nosotros. Si tienes la posibilidad de hacerlo lucha por ello, negócialo, merece mucho la pena. De este modo abrirás un gran número de posibilidades de mejorar la manera en la que concilias y se te brindará la oportunidad de enriquecer la dinámica anual de trabajo y escapadas, para disfrutar de más vacaciones de las que marca el calendario.

3.7 RECURSOS

"Gastamos la mitad de la vida antes de saber qué es"

George Herbert

"Los hombres, en aras de conseguir una vida, se olvidan vivir."

Margaret Fuller

La conciliación también pasa por hacer un uso adecuado de todas las opciones disponibles

Los hábitos que hemos recorrido hasta ahora suponen una mejora directa en tu calidad de vida en un régimen de trabajo regular, al que normalmente estamos sujetos. Ahora vamos a ver cómo es posible dar un paso más y buscar recursos que te permitan tener más opciones, diferentes alternativas para mejorar aún más el equilibrio que deseas entre el tiempo dedicado a tu trabajo y el tiempo fuera de él.

Lo habitual es que una jornada de trabajo de 8 horas, 11 meses al año, suponga una seria restricción a los planes de vida que te gustaría llevar. Todos deseamos que fuera de otro modo que, para ganarnos el sustento, no tuviéramos que pasar tanto tiempo trabajando. Pues bien, es posible tener mucho más tiempo para ti sin dejar tu trabajo actual. ¿Deseas dedicar un tiempo de tu vida a un largo viaje, a aprender algo distinto o simplemente te gustaría pasar un largo verano de estudiante con tus hijos? Hazlo, tienes alternativas.

Acción 7: Obtener más tiempo libre

Afortunadamente, las condiciones laborales han ido mejorando mucho en apenas dos generaciones y, tanto el estatuto general de trabajadores como muchos de los convenios colectivos de hoy en día, recogen medidas y opciones para liberarse temporalmente del trabajo. Desde luego, esto sólo es posible si tienes un puesto de trabajo indefinido con cierta seguridad. Bueno, si te preocupa la conciliación, es porque ya tienes ese tipo de trabajo y seguro que ya conoces la mayoría de las opciones que tienes a tu alcance. Veamos algunas:

▶ **Reducción de jornada**: si tienes hijos menores de 12 años es posible acogerse a una reducción de jornada: desde un octavo hasta la mitad de la misma[30]. Esta es una excelente alternativa si quieres tener más tiempo para ti y para tu familia.

La opción más habitual es una reducción de una o dos horas, que únicamente suponen una merma salarial del 10 al 20%[31] y,

---

30 También solicitar reducción de jornada si tienes un familiar que requiere cuidados, pero suele ser una situación mucho más delicada para gestionar y sacar provecho.

31 La reducción en el salario bruto es del 12,5% al 25% respectivamente, pero con dicha reducción también se reduce el tipo de retención que se te aplica, con lo que le salario neto, es decir lo que realmente cobras cada mes, no se reducirá más allá del 20%

en cambio, sí suponen mejora sustancial en el tiempo liberado diariamente, fundamentalmente porque significa el cambio de una jornada partida, es decir, de 9-10 horas (8 horas más la comida), a una jornada continua de 6 horas.

Si nos ponemos en el caso de que tengas 2 hijos, esto quiere decir que tienes opción de tener 3 o 4 horas más libres al día durante 10-15 años de tu vida, a cambio de un impacto económico contenido. Como hemos visto la reducción de jornada también supondrá una ralentización de la progresión en tu carrera profesional, pero la mejora en tu calidad de vida es tan drástica que debieras considerarlo con detenimiento. En mi caso, te puedo decir que es una de las mejores decisiones que he tomado en mi vida.

Además, existe la posibilidad real de que los dos miembros de la pareja se acojan a la reducción de jornada[32], con lo que las opciones se multiplican, porque, además de tener más tiempo para una vida en familia, tendréis más posibilidades para que ambos podáis llevar a cabo proyectos personales sin descuidar el cuidado de los hijos.

▶ **Permisos sin sueldo:** la ley estatal no ofrece este tipo de permisos, pero muchos convenios colectivos recogen permisos sin sueldo de disposición anual o, si trabajas en una empresa pequeña los podrás negociar, aunque no tengas convenio. En ambos casos sólo necesitas la autorización de tu jefe.

---

32 De acuerdo al estatuto general de trabajadores, la única limitación a este respecto es en el caso de los dos miembros de la pareja trabajen en la misma empresa. En este caso también es posible que ambos se acojan a la reducción de jornada, a no ser que la empresa lo deniegue expresamente.

Normalmente se trata de permisos de menos de 30 días, por lo que la repercusión en dinero es de menos de una mensualidad[33], y en la práctica puedes llegar a duplicar tus vacaciones anuales.

Puede resultar difícil tener un permiso de este tipo todos los años, pero sí cada cierto tiempo. En el peor de los casos, es fácil conseguirlos si lo solicitas en momentos de tu vida en los que tu jefe los acepte más fácilmente, como al tener un hijo.

Poco después del nacimiento de mi segundo hijo, mi pareja y yo solicitamos un permiso sin sueldo de un mes, con lo que aquel verano disfrutamos de dos meses completos de vacaciones con nuestra familia. Creo que te puedes imaginar los alicientes de algo así.

► **Excedencias:** tanto el estatuto general de trabajadores, como los convenios colectivos, diferencian las excedencias voluntarias de las involuntarias -forzosas-. Las excedencias involuntarias se ciñen a periodos en los primeros años de vida de los hijos o en los que se demuestra una necesidad de cuidados a un familiar directo. Suelen estar limitadas de 4 meses a 3 años, y obligan a la empresa a respetar el puesto de trabajo a la finalización del periodo de excedencia. Este tipo de excedencias son idóneas para centrarte en lo verdaderamente importante, ya sea vivir con tus hijos esos primeros años o dedicarte de pleno a ese familiar que te necesita.

Las excedencias voluntarias, son aquellas a las que te puedes acoger en cualquier momento, normalmente tienen una duración mínima de 4 meses y máxima de hasta 5 años. En este tipo de excedencia, la empresa no está obligada a respetar

---

33 Si lo haces coincidir con los periodos de pagas extras será más fácil, y no tendrás que hacer muchos ajustes en tu economía.

tu puesto de trabajo, su única obligación es darte prioridad frente a otras incorporaciones a un puesto similar al final del periodo. En una empresa grande, si tienes buena relación con tus superiores, esto no suele suponer una gran dificultad, basta que hagan manifiesta la necesidad de un perfil como el tuyo y la reincorporación es bastante rápida.

Las excedencias, por su duración, sí requieren de una planificación económica diferente. Debes asegurarte unos buenos ahorros o buscar medios alternativos de financiación durante el tiempo que no trabajes.

La ventaja principal de esta opción es que te dan la posibilidad de acometer proyectos personales de mayor envergadura, ya sea montar un negocio, estudiar un máster o dar la vuelta al mundo.

Personalmente, gracias a una excedencia de corta duración, he podido cumplir uno de mis sueños de siempre y he trabajado en dos películas[34].

▶ **Horas extras:** esta última opción, depende mucho de tu trabajo y la organización del mismo. En los trabajos que conllevan habitualmente la realización de horas extras o de guardias, se establecen mecanismos de compensación en forma de dinero o de jornadas de vacaciones adicionales. Si es tu caso, negocia, siempre que puedas, obtener más días libres, el beneficio es mucho mayor. Además, suele tener la ventaja de que cambias horas o días cotidianos, en los que seguramente no tenías muchos planes, por varias jornadas que puedes disfrutar de forma consecutiva, por lo que te brindarán la oportunidad de

---

34 Trabajé como conductor de decoración en "Bosque de sombras" en 2005 y como auxiliar de dirección en "70 Binladens" en 2018.

organizar algo interesante, como un pequeño viaje o una visita a un amigo a quien hace tiempo que no ves.

Todas ellas son opciones excelentes para dar más presencia a tu vida no laboral. Trata de hacer uso de ellas, son un derecho adquirido como trabajador y han sido necesarios muchos años de lucha social para conseguirlos. Aprovéchalos.

Resulta curioso que la mayoría de las personas estamos deseando constantemente disponer de más tiempo para nosotros y, en cambio, no saquemos partido de todas las opciones disponibles. Lo paradójico es que apenas los disfrutamos, ni siquiera los pedimos porque nos parece poco sensato, como si no fuera digno de un buen trabajador. La justificación la buscamos fuera y siempre nos escudamos en de motivos aparentemente sólidos para no hacer uso de nuestros propios derechos:

▶ *"Si pido tal beneficio seguro que me ponen de patitas en la calle"*: este pretexto funciona de maravilla, nos hemos acostumbrado a ver a la empresa y a los jefes como ogros irreales. Si dices que haciendo esto o aquello, te despedirán, todo el mundo te cree directamente y no dudan en absoluto de tu palabra. Pues bien, la realidad es que hoy en día muy poca gente es despedida por algo así. Lo peor que puede ocurrir es que no le haga gracia a tu jefe o a recursos humanos e intenten vetarlo si tienen opción, pero en los casos amparados por la ley no pueden. De hecho, suele ser al contrario, desde el momento que solicitas alguna de las fórmulas de reducción del tiempo de trabajo, NO se atreven a echarte, porque tienes derecho a denunciarles -y con razón-, y la mayoría de los responsables evitan una situación así como la peste.

De modo que, si haces la solicitud, tu puesto de trabajo no sólo no peligra, sino que queda automáticamente garantizado, al menos por un tiempo.

Además, si has aplicado los hábitos recogidos hasta ahora, serás una persona productiva y valiosa, por lo que tu empresa aceptará tu petición y te deseará un pronto retorno. Incluso, en lugar de amenazas, es mucho más probable que recibas incentivos en forma de ascensos, mayores responsabilidades o puestos deseables, para que no te acojas a tales medidas.

▶ *"No puedo permitírmelo económicamente"*: este es la única razón que puede limitar tu libertad de elección. Una economía familiar en verdadero riesgo sí puede suponer un motivo real para no querer acogerse a este tipo de medidas, dado que todas ellas, en mayor o menor grado, tienen un impacto económico.

Si crees que este es tu caso, te invitaría a que pienses detenidamente si de verdad necesitas tu salario íntegro. En una rápida respuesta todos decimos que sí, pero ¿necesitas el coche que tienes o te puedes arreglar con uno más barato? ¿El colegio de tus hijos puede ser otro? O ¿puedes pasar un año sin comprarte ropa nueva? En muchos casos la respuesta es que, aunque tengas algo menos de dinero, seguirás teniendo cubierto lo que realmente necesitas, el resto puede ser restringido. A cambio, tendrás un bien irreemplazable: el tiempo.

▶ *"De verdad que no puedo hacerlo"*: esta suele ser una frase típica cuando hemos desbaratado los dos pretextos anteriores. *"Pero ¿por qué no puedes?" "Porque no"* y ya está, ahí es donde queremos zanjar el tema cuando no tenemos ningún impedimento real. En realidad, sí tiene una explicación: nuestra propia incomodidad ante la petición que debemos hacer. La verdad es que, si somos buenos trabajadores, nos sentimos realmente mal por pedir algo así, como si no nos lo mereciéramos o no tuviéramos derecho a ello. La experiencia me ha demostrado que este es el principal obstáculo para la conciliación. De algún modo hemos adquirido una sensación de obligación y cumplimiento que nos parece traicionar cuando solicitamos nuestros derechos como trabajadores.

La mejor forma de salvar esto es mediante un sincero ejercicio de autocrítica, asumiendo que el motivo por el que no haces aquello que deseas está en ti. La ley te ampara, por lo tanto, no es la empresa ni son las circunstancias. Si eres capaz de sincerarte contigo mismo hasta el punto de reconocer que el obstáculo es tu propia incomodidad, te darás cuenta de que sólo se trata de convencerte a ti mismo de que es posible. Piénsalo y busca vías para hacer frente a tus sentimientos encontrados, o por lo menos para vivir con ellos. Es suficiente con que te centres en tus verdaderos objetivos y prioridades, la solución está ahí, donde la puedes alcanzar, dentro de ti.

Al igual que ocurre con "las circunstancias" que analizábamos en la segunda parte del libro, es suficiente con que intentes dar el paso y dejes de pensar que otros tienen la culpa y que comiences a pensar que eres tú el principal obstáculo. A partir de aquí el camino será mucho más sencillo.

Cuando consideramos cómo obtener una mayor libertad de tiempo, siempre pensamos que la solución es buscar otro trabajo, montar nuestro propio negocio o que nos toque la lotería. Desde luego son buenas opciones, las mejores. Pero no es necesario esperar a que algo así ocurra, si tienes un trabajo indefinido con cierta estabilidad, estas opciones ya están a tu alcance, no necesitas esperar más. Si quieres tener más tiempo para ti, escoge el recurso que mejor se adapte a tus circunstancias, y hazlo ahora.

3.8 NEGOCIACIONES

"Nunca trabajes sólo por dinero o por poder. No salvarán tu alma o te ayudarán a dormir por las noches"

Mariam Wright Edelman

Si el tiempo es importante para ti, negócialo en tus contratos laborales.

En la negociación previa a alcanzar un acuerdo de trabajo, siempre nos preocupa obtener la cantidad de dinero que consideramos adecuada. Si conseguimos lo que queríamos, adornamos el pastel con los beneficios sociales o las pagas por objetivos. El resto, es decir, el horario de trabajo y los periodos de vacaciones, simplemente lo preguntamos, y apechugamos con lo que toque, independientemente de nuestro parecer.

Acción 8: Negocia el tiempo de tu trabajo

Mi propuesta es sencilla: haz del horario y las vacaciones un factor decisivo en tu negociación. Seguro que tienen tanta importancia para ti como el sueldo que puedas ganar, entonces ¿por qué no negociarlo también?

Sólo con plantearlo, ya tendrás un punto a tu favor: tu interlocutor no estará acostumbrado a negociar el tiempo de trabajo, así que probablemente no sabrá cómo tratarlo y no habrá madurado las diferentes implicaciones. Lo habitual será que le resulte una sorpresa y cierre la puerta aduciendo que las condiciones establecidas son estas o aquellas, o que el convenio marca otra cosa. Ahora bien, si las condiciones dentro de una empresa recogen la posibilidad de que haya variaciones de salario ¿por qué no serían posibles variaciones en los días de vacaciones?

Si te enfrentas a una negociación con una empresa pequeña, los impedimentos vendrán dados por el parecer de tu interlocutor o algún superior inmediato, esto es posible salvarlo con argumentos sólidos. Acepta un salario inferior al que te corresponde a cambio de ventajas en vacaciones, puentes u horarios. Puede que la idea les resulte chocante, pero el incentivo que supone para una pequeña empresa tener una persona valiosa por un salario inferior puede obrar milagros. El ahorro de costes puede hacer que los responsables de la empresa se planteen seriamente tu sugerencia. Para una empresa de este tipo, 3.000€ o 5.000€ sí supone un impacto económico a considerar. En cambio, darte 5 días más de vacaciones no tiene una repercusión directa tan grande en sus cuentas y, en cuanto a tu trabajo, es sólo cuestión de organización. Probablemente harán énfasis en tu responsabilidad en dicha organización y tú, desde luego, no tienes por qué tener ningún problema al respecto.

Frente a una empresa grande, las dificultades pueden ser mayores, pero desde luego en absoluto insalvables. Dado que la ley ampara este tipo de variaciones en el contrato, su principal argumento será que el convenio no recoge tal posibilidad. No te dejes intimidar por "el convenio", primero, porque en toda gran empresa hay personas con condiciones que extralimitan lo recogido en el convenio y, segundo, porque el convenio es un acuerdo entre la empresa y el comité de trabajadores, y el comité no tiene por qué oponerse a que un trabajador tenga unas condiciones de horario o vacaciones más beneficiosas para él, por lo tanto, la pega no es el convenio, sino las reticencias de los responsables de la empresa. Los responsables de recursos humanos normalmente aceptarán unas condiciones pactadas por el director de un departamento concreto y, para ese director obtener una persona valiosa a cambio de un horario determinado o de algunos días de vacaciones, sí es una opción perfectamente asumible.

Como en muchas otras cuestiones acerca de derechos de los trabajadores, en Francia podemos encontrar ejemplos de este tipo de prácticas. Conozco ejemplos de empresas en las que los horarios son habitualmente más allá de las 8 horas, por lo que los trabajadores, para asegurar cómputo de horas legal, tienen más días de vacaciones al año. En los casos de reducciones de jornada, en lugar de disminuir el horario cada día, ofrecen alternativas de reducción en el número de días laborales en una semana. Es decir, ante las peticiones de trabajadores, han buscado fórmulas creativas para que sus condiciones se mantengan dentro de los ámbitos establecidos por la legislación vigente. Es cierto que en Francia las cosas son más sencillas. Pero también es posible aprender de ellos nuevas fórmulas de conciliación de la jornada laboral, que son aplicables a nuestro país, es cuestión de que comencemos a pedirlas.

Puede que todo esto te parezca un poco irreal y que en muchos de los casos no acepten tus peticiones. Bueno, está en tu mano aceptar o no. Igual que rechazas un trabajo si las condiciones salariales no te satisfacen, rechaza un trabajo en el que no estés de acuerdo con el horario o las vacaciones. Considéralos bajo el mismo rasero. Tardarás más en encontrar un trabajo que satisfaga todas tus peticiones pero, cuando lo encuentres, tu vida será mucho mejor.

Un dato curioso: las encuestas de satisfacción de empleados demuestran que el efecto positivo de un aumento de sueldo se desvanece una vez transcurridos un promedio de tres meses. Es decir, que si conseguimos una cantidad económica que deseamos, en tres meses dejamos de estar contentos y, no mucho tiempo después, comenzamos a pensar de nuevo que deberíamos estar ganando más. Por lo que cualquier satisfacción obtenida por una buena negociación salarial es bastante breve. Desconozco datos de lo que dura el ánimo positivo que genera una mejora en la jornada laboral pero sí puedo decir, por mi experiencia, que el efecto es mucho más duradero, porque se vive mejor todos y cada uno de los días, y con el paso del tiempo adquiere más importancia.

4

UN PASO MÁS ALLÁ DE LA CONCILIACIÓN

*"Nadie puede volver atrás y
empezar un nuevo comienzo,
pero cualquiera puede empezar hoy
y construir un nuevo final"*

María Robinson

4.1 CAMBIAR DE TRABAJO

"Encuentra un trabajo que te gusta, y añadirás cinco días
a cada semana"

H. Jackson Brown Jr.

La conciliación laboral es como la propia vida, no tanto una meta a alcanzar como un camino a recorrer. Siempre que consigas un hito, te sentirás contento, satisfecho, pero enseguida aparecerá en el horizonte otro tramo por recorrer. Has decidido despejar tu mente, liberarla de prejuicios e impedimentos y has comenzado a desarrollar las acciones que mejorarán tu vida de forma definitiva. Una vez iniciado este camino es difícil volver al conformismo.

Con los pasos que te he propuesto hasta ahora, la relación entre tu trabajo y tu vida habrá mejorado de una forma que antes ni siquiera creías posible. Trabajarás de un modo diferente, mucho más productivo y satisfactorio, para ti y para tu empresa. Pasarás mucho más tiempo con los tuyos. Y, además, estarás haciendo un buen puñado de cosas nuevas, de esas que te gustan y te hacen sentir bien.

¿Has alcanzado tus objetivos? Seguramente sí, e incluso habrás superado muchas de tus expectativas. Entonces ¿se ha terminado el camino? Por supuesto que no. La actitud crítica y constructiva que has adoptado hacia tu propia vida te llevará a encontrar nuevos objetivos una vez alcanzados los anteriores.

Llegados a este punto, en un momento u otro llegará la duda ya te habrá asaltado muchas veces: ¿debo cambiar de trabajo?

Ciñéndonos únicamente al tema de la conciliación laboral, los motivos para hacerse esta pregunta se reducen a dos:

▶ Tu trabajo actual no te permite conciliar del modo que desearías. A pesar de todos tus esfuerzos, no has conseguido llegar hasta donde te gustaría. Bien sea por la propia naturaleza del trabajo o bien por la filosofía de la empresa en la que trabajas, puedes haberte encontrado en un punto en el que no parece probable mejorar más.

▶ El grado de conciliación que has conseguido ha sido suficiente durante un tiempo, pero ahora te propones dar un paso más, uno que es complicado alcanzar con un trabajo convencional.

Otros factores también aparecerán en la balanza de los pros y contras: cuánto te gusta tu trabajo, las opciones de evolución en tu profesión, el ambiente en tu oficina, tus propios planteamientos éticos o morales... Te asaltarán un millar de dudas al respecto. Si nos cuesta modificar nuestra forma de trabajar, plantearse un cambio de trabajo en una situación de estabilidad, puede resultar aún más costoso. Pero, con toda probabilidad, la nueva perspectiva que has conseguido en tu camino a la conciliación te habrá marcado el camino a seguir: alcanzar la vida que deseas.

Si la conclusión es que el cambio de trabajo se hace necesario, además de analizar los factores que hemos tratado en el capítulo sobre las negociaciones, deberás analizar dos factores concretos: la naturaleza del nuevo trabajo y cómo afrontar el cambio:

1. **La naturaleza del nuevo trabajo.** Llegar más allá en la conciliación laboral, requerirá que el nuevo trabajo tenga una serie de particularidades que lo diferencien de lo que llamamos convencional:

- El trabajo por objetivos. No me refiero aquí a los objetivos de productividad o de negocio que imperan en la mayoría de los trabajos. Se trata de que sea un trabajo que requiera realizar algo concreto con un nivel de calidad óptimo, con independencia de cómo lo haces y cuánto tiempo inviertes en ello. Escribir artículos para una revista, diseñar un logotipo o realizar una investigación, son algunos ejemplos de este tipo de trabajo. En ellos se te pide algo para una fecha dada, el cómo lo hagas y cuánto tiempo inviertas es algo que quedará por completo bajo tu criterio.

  En un trabajo por objetivos de este tipo, es donde podrás conseguir lo máximo de las 8 acciones para mejorar tu forma de trabajar. De modo que conseguirás ser plenamente eficaz, liberando un motón de tiempo que en otros casos queda cautivo por el mero hecho de tener que cumplir unos procesos o unos horarios determinados.

- El trabajo sin horarios fijos. Si el trabajo que buscas no consiste en entregables y objetivos concretos, al menos debería ser un trabajo sin horarios fijos. En este caso probablemente se te pida trabajar un determinado número de horas diarias o semanales, pero debiera ser decisión tuya la forma en la que las distribuyes a lo largo del día, de la semana o del mes.

- El trabajo sin ubicación determinada. Tanto por evitar desplazamientos innecesarios como para tener la flexibilidad de trabajar desde donde quieras (ya sea tu casa o un camping en la costa), el ideal en cuanto al dónde es aquel trabajo que no depende de tu presencia en un lugar concreto para llevarse a cabo. Hoy en día esta es la característica más fácil de conseguir, internet y los nuevos canales de comunicación hacen posible que gran parte de los trabajos de gestión o conocimiento se puedan realizar, virtualmente, desde cualquier parte.

2. **La mentalidad del cambio de trabajo.** Además de considerar cómo ha de ser el nuevo trabajo, debes tener en cuenta cómo lo haces desde un punto de vista mental y emocional. Un trabajo que no nos satisface, bien sea por el propio desempeño o bien por lo que lo rodea, es decir, la empresa, los jefes, el ambiente, o la dinámica general, genera un poso de malestar que se acumula con el paso del tiempo, dando lugar a sentimientos de rabia, ira, frustración o incluso depresión.

En este tipo de situaciones, cuando se presenta una oportunidad laboral nueva, es frecuente idealizarla como una tabla de salvación, como el tren de huida de nuestra insatisfacción actual. Lo que debes hacer en este caso, es asegurarte de que el cambio sea una huida hacia adelante, no una huida desesperada. La diferencia estriba en cómo hemos sido capaces de "cerrar" emocionalmente con nuestro trabajo actual.

Si cambias de trabajo por un angustiante estado de frustración o depresión, y simplemente das el salto sin atar los cabos sueltos, quedas a merced de lo que el nuevo trabajo suscite. En este caso, si se reproducen algunas de las causas que te hicieron sentir mal en tu antiguo puesto, es muy fácil desanimarse y caer nuevamente en un estado pesimista o negativo.

Antes de dejar tu antiguo trabajo, debes ser capaz de estar en paz con él, reconocer que ha tenido muchos sinsabores, pero también ser capaz de ver las cosas positivas: todo lo que has aprendido y te ha aportado. Debes entender que estabas en ese trabajo por tu propia elección y que, aunque ha podido ser una mala elección, también te ha producido satisfacciones, experiencias buenas y ha sido una etapa más de tu vida.

Este tipo de pensamiento constructivo y positivo es el que te ayudará a tener el temple necesario para juzgar adecuadamente los aspectos negativos y te ayudará a afrontar la nueva etapa no sólo como una tabla de salvación, sino como un proyecto lleno de cosas buenas que afrontar con renovada ilusión.

Busca el cambio de trabajo como una oportunidad de ganar más dinero o ascender en tu carrera profesional. Pero también, búscalo como una oportunidad para abrirte nuevos horizontes en todos los sentidos. Dado que cada cambio es un nuevo comienzo, asegúrate que ese comienzo está alineado en todos los aspectos. Ten presente tu vida al completo, tus aspiraciones, tus pasiones, tus sueños. Tu trabajo es una pieza más del puzle de la vida que quieres construir para los tuyos y, sobre todo, para ti.

4.2 TRABAJANDO PARA VIVIR

"Todo noble trabajo es imposible al principio"

Thomas Carlyle

La conciliación de la vida personal y profesionales una búsqueda que equilibre nuestra vida. Tratamos de encontrar nuestro espacio vital, aquel en el que seamos capaces de dotar de sentido a nuestra vida más allá de nuestra subsistencia y de nuestra labor como profesionales productivos.

Gran parte de nuestra escala de valores heredada tiene que ver con la necesidad de ganarnos la vida, de conseguir nuestro sustento y el de nuestros hijos, de asegurarles una vida digna y un porvenir. Y también hemos heredado la importancia de ganarnos la vida de una forma digna, obtenida con nuestro esfuerzo y con honradez.

Con esta herencia nos hallamos inmersos en una sociedad en la que los poderes económicos han cobrado cada vez más protagonismo. No sólo porque tengan una influencia directa sobre nuestra sociedad y en la forma en la que ésta es gobernada, sino porque también han repercutido directamente sobre los valores sociales y personales. Las tendencias capitalistas del primer mundo fundamentan su evolución y su propio sustento en el crecimiento económico constante. Así, la sociedad y nosotros mismos, nos hemos sumergido en una búsqueda alocada de mejora económica y de estatus, que, a su vez, también viene dado por nuestros logros profesionales y económicos.

De igual modo y, a mayor escala, las estructuras empresariales, impulsadas por la tendencia imperante y por sus propietarios y accionistas, se han concentrado en ese crecimiento económico constante, desarrollando y evolucionando los mecanismos que impulsen nuestro potencial económico como miembros del primer mundo. Un potencial con doble vertiente, como productores por un lado y como consumidores por otro.

Fruto de todo ello, a nuestra herencia de valores de subsistencia a través del trabajo, hemos añadido una serie de valores que hacen que nos sintamos mejor cuanto más medremos económicamente y cuanto más desarrollemos nuestra faceta de consumidores. Esto es así hasta el punto de dedicar nuestros mayores esfuerzos a ganar poder adquisitivo y a adquirir bienes más grandes o con mejor imagen que los que ya tenemos. Sin embargo, en este recorrido, sólo nos sentimos satisfechos transitoriamente antes de volver a la carga, sin darnos cuenta de que el problema de esta alocada carrera esa que en ella nos hemos olvidado de nuestra propia vida.

Nuestro esfuerzo por la conciliación es una lucha por recuperar esa vida que sentimos perdida debajo de todos esos valores de producción económica. Precisamente porque son los valores que socialmente aceptamos y promovemos, es frecuente que denostemos a aquellos que buscan la conciliación por alejarse del camino reconocible y reconocido, tachándolos de poco ambiciosos, de vividores y de individualistas. Pero si consideramos detenidamente las verdaderas implicaciones de todos estos atributos estaremos en condiciones de comprender el valor de la conciliación en todas sus dimensiones. Un valor de renovación y de alternativa para que las personas vuelvan a ser personas y puedan volver a tomar posesión de lo que legítimamente es suyo: sus vidas.

La búsqueda de la conciliación se convierte, entonces, en una fuerza reformadora a muchos niveles. Si todos emprendemos el cambio de perspectiva que implica, las prioridades cambiarán no sólo en lo individual, sino también en lo social. Si cada vez más personas somos capaces de valorar otras opciones además de nuestra carrera profesional y nuestra economía, conseguiremos que, socialmente, se dé la importancia que merece a cuidar y formar a nuestros hijos, a contribuir al bien del prójimo, a nuestra aportación a la sociedad, en definitiva, a dotar de sentido a nuestras vidas.

5

EL VALOR DE ELEGIR

A lo largo de la vida, a menudo he pensado, con cierto aire de superioridad, que todas las ideas y pensamientos con una perspectiva diferente de la vida, sólo estaban en la mente de un puñado de iconoclastas. Pensaba que sólo algunos nos planteábamos salirnos de los caminos establecidos, buscar otras alternativas, otros modos de crecer y vivir.

Pero con el paso del tiempo, he ido descubriendo que casi todas las ideas al respecto que yo pudiera tener estaban, de una forma u otra, entre las reflexiones de la mayoría de las personas. Descubrí, por ejemplo, que, como yo, muchas personas se han planteado seriamente buscar y perseguir una vocación. Que casi todo el mundo da un valor extraordinario a la educación y el cuidado de sus hijos. Que la mayoría considera loable ayudar a los demás y además se lo ha planteado como una verdadera opción en un momento u otro de sus vidas. Que soltar amarras y vivir una vida de trotamundos ha pasado por la cabeza de millares de adultos. En definitiva, que gran cantidad de inquietudes son comunes de un modo u otro a todos nosotros.

Por ello, muchas de las ideas de este libro no suponen una revelación para ti, ya te las habrás planteado más de una vez. De ahí que el cometido de este libro ha sido estructurar las ideas y proponerte un camino práctico para llevarlas a cabo, con un objetivo fundamental, aquello que de verdad supone un cambio: que acumules el impulso necesario para actuar. He reunido mi experiencia y la de todos aquellos autores que me han servido de inspiración, para que encuentres la motivación necesaria para hacer uso de la inmensa fuerza que hay en ti para mirar hacia adelante y encontrar el valor de elegir.

Muchos de tus sueños estaban aparcados o te parecían sueños de infancia ilusorios. Deja de lado esos pensamientos y busca un buen punto de partida. Aunque parezca fuera del sentido común, déjate llevar por el empuje que surge en ti cuando miras hacia el futuro con esperanza e ilusión, cuando descubres un camino que aparece lleno de luz ante tus ojos. Busca las historias de tu vida, encuentra en ellas al héroe que te gustaría ser, aquel que lucha frente a las adversidades para conseguir algo mejor, mucho mejor, algo que realmente merece la pena. Aquel tiene miedo y que duda, pero que encuentra la fortaleza para hacer lo que es necesario. Aquel que eres tú. Porque es tu vida, tu elección y si estás aquí es por algo.

Que te vaya bonito.

Madrid, 3 de octubre de 2019

REFERENCIAS

En este apartado encontrarás algunos de los volúmenes que me han servido de inspiración y apoyo para redactar este libro y otros que pueden servirte para profundizar en la temática tratada en cada capítulo de este libro.

Aquellas referencias que están en inglés, es porque no existía una edición en castellano en el momento de escribir este libro.

Productividad

▼ *Organízate con eficacia* David Allen.

Uno de los libros de productividad personal de los últimos años, y sin duda el de mayor influencia origen del movimiento "Getting things Done".

▼ *El poder de lo simple* Leo Babauta.

Propuestas para mejorar la vida personal y laboral a través de la focalización y la simplificación. Uno de los autores más influyentes en el mundo de los blogs.

Motivación

▶ *El método Ikigai* Héctor García y Francesc Miralles

Un manual con ejercicios prácticos para buscar la armonía entre tu vida, tus motivaciones y tu trabajo

▶ *¿Eres imprescindible?* Seth Godin

Ideas y pensamientos para cuestionarnos cómo trabajamos, y cómo empezar a hacer cosas que de verdad importen. Uno de los autores que más libros ha escrito cuestionando el enfoque tradicional del trabajo.

▶ *La buena suerte* Alex Rovira

La suerte no sólo es cuestión de azar, también podemos crear las circunstancias para que nos sea favorable.

▶ *La buena vida* Alex Rovira

La responsabilidad y el impulso personal como motor cotidiano para la mejora de nuestra vida.

▶ *La pirámide hueca* Eugenio y María de Andrés Rivero

Una fábula que reflexiona sobre el trabajo, la pareja, la familia y las aficiones, y de cómo la conciliación surge desde nuestro propio equilibrio entre ellas.

▶ *A brief guide to world domination* Chris Guillebeau

Reflexiones sobre la búsqueda de una vida distinta.

Organización y empresas

▼ *Peopleware* Tom Demarco, Timothy Lister

Pautas renovadoras para la organización del trabajo y la colaboración en equipo.

▼ *Creative Company* Andy Law

Un mirada a un forma de hacer empresas diferentes.

Otra forma de ver las cosas

▼ *Un mundo sin quejas* Will Bowen

Porque nos quejamos constantemente, y cómo dejar de hacerlo puede generar un impulso optimista y renovador en nuestras vidas.

▼ *El valor de elegir* Fernando Savater

Una propuesta para acometer nuestro día a día desde un punto de partida filosófico.

▼ *La bolsa o la vida: Los 9 pasos para transformar tu relación con el dinero y alcanzar la libertad financiera* Joe Dominguez, Vicki Robin

El cambio en la economía personal, y cómo evitar vernos arrastrados por nuestra ansia de consumo.

▼ *Tus zonas erróneas* Wayne Dyer

La toma de conciencia de nuestras elecciones y nuestra responsabilidad sobre ellas.

Anexo

UNA LECCIÓN DEL PASADO

En 2008 nos vimos inmersos en una crisis de gran magnitud, que impactó a la sociedad a todos los niveles y disparó los índices de desempleo. Algunos la han comparado con la gran crisis de 1929, aquella en la que se pudo demostrar cómo una jornada más reducida podía beneficiar al conjunto de la sociedad por el incremento en puestos de trabajo que suponía. De hecho, la conciliación y la reducción de jornada apareció como una solución para el desempleo en Estados Unidos llegando incluso a ser una cuestión de estado.

En octubre de 1929, menos de un millón de personas se hallaban en el paro. En diciembre de 1931, eran más de 10 millones de americanos los que estaban desempleados. Seis meses más tarde, en junio de 1932, el número de personas sin trabajo se elevaba a 13 millones. La situación se convirtió en crítica cuando, en la cresta de la depresión, en marzo de 1933, la cifra se elevó hasta los 15 millones de personas.[35]

La situación era insostenible para un país acostumbrado a tasas de desempleo muy bajas. Los líderes sindicales empezaron a considerar

---

35   RIFKIN, Jeremy, El fin del trabajo, Paidos, Barcelona, 2010. p 98

nuevas medidas entre las que se encontraba reducir las horas semanales de trabajo de las personas con empleo para poder ocupar a mayor número de gente, incrementando su poder adquisitivo.

En poco tiempo el asunto trascendió el ámbito sindical así, el propio Bertrand Russell, el gran matemático y filósofo inglés, comentaba al respecto: *«No debería existir la posibilidad de ocho horas al día para algunos y cero horas para otros, sino que deberían ser cuatro horas al día para todos»*[36] y el 20 de julio de 1932, el AFL Executive Council redactó un comunicado sugiriendo al presidente de los Estados Unidos, Herbert Clark Hoover, la idea de poner en marcha la semana laboral de 34 horas para *«crear oportunidades de trabajo para millones de hombres y mujeres desempleados»*[37].

La posibilidad de estimular el poder de compra de los consumidores animó a grandes empresarios como *Kellogg's* de Battle Creek, *Sears, Roebuck, Standard Oil* de Nueva Jersey y *Hudson Motors* a recortar, de forma voluntaria, sus semanas laborales hasta dejarlas en treinta horas para poder mantener a toda su gente en plantilla.

El propio W.K. Kellog razonaba *«si aceptamos cuatro jornadas de seis horas... en lugar de tres jornadas de ocho horas, ello dará trabajo y salarios para los cabeza de trescientas familias más en Battle Creek»*[38]. De hecho, Kellog, buscando asegurar el poder de adquisitivo de sus propios empleados, incrementó los sueldos por hora en un 12,5% para compensar la pérdida de dos horas de empleo diarias. Curiosamente, lo que en principio parecía un ejercicio de filantropía,

---

36   Ibíd., p.99

37   Ibíd., p.100

38   Ibíd.

terminó revelándose como una inversión lucrativa y en 1935 la empresa publicó un detallado estudio que mostraba que después de:

> *«cinco años trabajando seis horas al día, los costes unitarios estructurales [o generales] se habían reducido en un 25 %... los costes de mano de obra se habían reducido en un 10%... los accidentes laborales habían disminuido en un 41 %... [y] el número de personas trabajando en Kellogg's se había incrementado en un 30% respecto al 1929»*[39]

La empresa estaba muy satisfecha y deseaba poder compartir sus logros:

> *«En nuestro caso es algo más que pura teoría. Lo hemos demostrado con cinco años de experiencia. Hemos llegado a la conclusión de que, con la reducción en la jornada laboral, la eficacia y la moral de nuestros empleados se ha incrementado, los accidentes y las franquicias por seguros han mejorado y los costes unitarios de producción han disminuido tan considerablemente que podemos incluso pagar por seis horas como si realmente fuesen ocho las trabajadas».*[40]

Estos resultados animaron a muchas empresas a seguir el ejemplo y en una encuesta realizada en 1932 a 1.718 ejecutivos se demostró que más de la mitad de la industria americana habría reducido el número de horas de su jornada laboral. El presidente de la National Chamber of Commerce llegó a decir: *«es mejor para todos nosotros tener trabajo durante algún tiempo que estar trabajando siempre mientras que otros carecen de él»*[41]. Tanto es así que, finalmente,

---

39 Ibíd.

40 Ibíd., p 101.

41 Ibíd.

el 31 de diciembre de 1932 el senador Hugo L. Black introdujo una enmienda en el Senado de los Estados Unidos solicitando una semana laboral de 30 y predijo que dicha enmienda conduciría a la creación de más de 6,5 millones de puestos de trabajo en todo el país.

Para sorpresa generalizada, después de tres meses de deliberaciones, el Senado votó a favor de la enmienda que obligaba a las empresas a adoptar una semana laboral de 34 horas. La enmienda *Black-Connery Thirty Hour Week* pasó a la Cámara de Representantes y los americanos pensaban que iban a ser la primera nación del mundo en trabajar 34 horas semanales. Sin embargo, el presidente Roosevelt, presionado por los principales empresarios del país se movilizó para bloquear el trámite parlamentario y la enmienda se desestimó. Los empresarios habían convencido a Roosevelt de que la medida frenaría el crecimiento a largo plazo.

Se perdió una ocasión única para instaurar una jornada de trabajo reducida que beneficiaba a los trabajadores y que, como Kellogs demostró, podría beneficiar a la productividad de las empresas a la vez que contribuiría a aumentar los puestos de trabajo reduciendo el desempleo. Una pena porque, salvo excepciones puntuales como Francia, la reducción de jornada no ha vuelto a ser considerada una medida de conciliación y productividad para todo un país. El propio Roosevelt, precursor del New Deal y la recuperación de la economía americana manifestó posteriormente su *«arrepentimiento por no haber estado detrás de la Black-Connery Thirty Hour Week Bill y no haberla apoyado en el Congreso»*.[42]

---

42   Ibíd. p 103.